乡村振兴背景下基层公共服务能力建设与研究

张白　著

延边大学出版社

图书在版编目（CIP）数据

乡村振兴背景下基层公共服务能力建设与研究 / 张白著. -- 延吉 : 延边大学出版社, 2023.9

ISBN 978-7-230-05487-4

Ⅰ. ①乡… Ⅱ. ①张… Ⅲ. ①农村－社会服务－研究－中国 Ⅳ. ①D669.3

中国国家版本馆CIP数据核字(2023)第181095号

乡村振兴背景下基层公共服务能力建设与研究

著　　者：张　白
责任编辑：乔双莹
封面设计：文合文化
出版发行：延边大学出版社
社　　址：吉林省延吉市公园路977号　　邮　　编：133002
网　　址：http://www.ydcbs.com　　E-mail：ydcbs@ydcbs.com
电　　话：0433-2732435　　传　　真：0433-2732434
印　　刷：廊坊市广阳区九洲印刷厂
开　　本：710×1000　1/16
印　　张：12.75
字　　数：220 千字
版　　次：2023 年 9 月 第 1 版
印　　次：2023 年 9 月 第 1 次印刷
书　　号：ISBN 978-7-230-05487-4

定价：78.00元

前　言

乡村振兴战略是将“产业兴旺、生态宜居、乡风文明、治理有效、生活富裕”作为农业农村进一步发展的战略目标，同时也为当前农村地区的基本公共服务事业提出了一系列新目标、新要求，使人们对农村公共服务供给的认识水平上升到了一个全新的高度。

基层管理是国家与农村社会交互作用的关键节点，也是连接政府与农民的中枢和纽带。基层管理者作为基层公共服务体系建设的组织者、协调者和践行者，不仅负责各项具体公共服务政策的贯彻落实，而且决定着公共服务供给的发展方向和总体水平。在乡村振兴战略背景下，提高基层公共服务供给水平，对推进基层治理现代化，满足人民群众对美好生活的需要，都具有重要的实践意义。

现阶段，基层公共服务能力不足、服务内容结构性失衡、服务供需脱节以及服务效能滞后，成为贯彻落实乡村振兴战略、推动实现农业农村全面振兴的制约因素。鉴于此，本书从公共服务能力对实施乡村振兴战略的现实意义出发进行研究，第一章从乡镇与农村两个层面对乡村振兴背景下的基层服务能力进行介绍，第二章、第三章论述了乡村振兴背景下乡镇公共服务能力指标体系的构建以及乡镇公共服务能力提升，第四章、第五章介绍了乡村振兴背景下农村公共服务组织体系的构建以及农村公共服务能力强化路径。

本书参阅了大量的国内外教材、专著和有关文献，在此谨向参考文献的作者致以真诚的谢意。由于编者自身的实践经验和学术功底有限，书中难免存在不足之处，恳请专家、读者批评指正。

张白

2023 年 6 月

目　　录

第一章　乡村振兴背景下的基层公共服务能力

第一节　乡村振兴战略与基层公共服务能力

一、乡村振兴战略

（一）乡村振兴战略的提出

乡村振兴战略的提出具有其特定的时代背景，准确把握乡村振兴战略的时代背景、内涵及其在社会主义新时代对中国农业农村发展的意义，是理解乡村振兴战略的基础和前提。

乡村振兴战略具有丰富的内涵，乡村是具有自然、社会、经济特征的地域综合体，兼具生产、生活、生态、文化等多重功能，与城镇互促互进、共生共存，共同构成人类活动的主要空间。乡村振兴战略在提法上用“乡村”代替此前的“农村”，是认识论上的创新和升华，同时也意味着对乡村发展提出了更高的要求。

具体而言：一是以产业兴旺为重点，提升农业发展质量，培育乡村发展新动能；二是以生态宜居为关键，推进乡村绿色发展，打造人与自然和谐共生发展新格局；三是以乡风文明为保障，繁荣农村文化，使之焕发乡风文明新气象；四是以治理有效为基础，加强农村基层基础工作，构建乡村治理新体系；五是以生活富裕为根本，提高农村民生保障水平，塑造美丽乡村新风貌。

乡村振兴战略中提出的“产业兴旺、生态宜居、乡风文明、治理有效、生活富裕”，包含当前农村的政治、经济、文化、社会、生态建设，体现了我国“五位一体”的战略布局，是当前解决好“三农”问题、做好“三农”工作的重要指导理论。

（二）乡村振兴战略的历史渊源和现实依据

乡村振兴战略是中国特色社会主义发展进入新时代之后，党和国家为继续深化农村改革、彻底解决“三农”问题而作出的重大战略举措。乡村振兴战略的提出具有其深刻的历史渊源和现实依据。

就中国农村的发展而言，作为国家推动农村发展的战略决策，乡村振兴战略的提出具有其深刻的历史渊源。古代中国的历代统治者都将发展农务、稳定农村社会秩序作为国家兴衰存亡的政治根基。19 世纪晚期，西方殖民主义列强的入侵致使清政府面临着严重的内忧外患。各界有识之士在呼吁发展工商业、实业救国之外，也曾提出振兴农业的主张，如维新派代表人物梁启超曾疾呼：“求中国国家之新生命必于其农村求之；必农村之有新生命而后中国国家乃有新生命焉。”

中国的农业农村现代化之路有其鲜明的不同于其他国家的本土化特征。西方发达国家的实践经验表明，随着城镇化的快速推进，绝大多数农村人口转移到城镇地区。随着人口的大规模迁徙和城市化率的迅速提高，留在农村地区的农业人口迅速减少，比如英国、德国、美国、澳大利亚等国的城市化率普遍在 80%以上，而从事农业生产的人口往往在 10%以下。这意味着上述国家的农村问题并没有城镇化水平低的国家那样突出。此外，在国家财政的大力支持下，政府也能够拿出更多的财力支持农村发展。与之不同的是，由于中国人口基数庞大，农业人口众多。此外，中国人口基数大也意味着即便中国城镇化率达到发达国家水平，仍将有数以亿计的农村人口生活在广大农村地区。

上述特殊国情决定了中国城乡二元结构对立问题更为突出，中国建设乡村、振兴乡村的任务更为艰巨，过程更为漫长。正因如此，乡村振兴的实现不可能一蹴而就，而是一个与时俱进、分步进行、渐进调试的过程。实践证明，在国家大力支持下，社会主义新农村建设取得了历史性成就，但城乡差距依旧明显，我国建设农村、振兴乡村的历史任务依旧任重道远。而乡村振兴战略正是党和国家为应对当前新的历史时期出现的新问题、新矛盾，基于人民对农村建设提出的新目标、新要求而作出的重大决策，标志着我国的农业、农村、农民的现代化进入了一个全新的历史发展阶段。

（三）乡村振兴战略提出的时代背景

就乡村振兴战略所处的历史方位而言，乡村振兴战略的提出有其特定的时代背景。当前，我国正处于工业化中后期、信息化快速发展期、城镇化中期、农业现代化全面推进期。我国的工业化还没有完成，城镇化还在快速推进，农业农村的现代化仍在继续。这一时期中国的农村现代化进程出现了不同于社会主义新农村建设时期的诸多变化，这些变化构成了现阶段认识和把握农村发展问题、制定和优化农村农业发展措施的基本依据。具体而言，表现为以下方面。

乡村振兴战略的提出是基于中国特色社会主义初级阶段主要矛盾的变化。与社会主义新农村建设的时代背景相比，我国社会主义初级阶段的主要矛盾出现了新变化。中国特色社会主义进入新时代，我国社会主要矛盾已经转化为人民日益增长的美好生活需要和不平衡不充分的发展之间的矛盾[①]。

乡村振兴战略背景下农村地区内部结构的异质性特征更加显著。在社会主义新农村建设时期，农村地区内部具有鲜明的同质化特征：从农村的经济生产活动来看，农业生产构成了农村经济生活的主要内容，农业生产收入构成了农民收入的主要部分；从农村人口的阶层分布来看，以从事农业生产为主的农民群体和外出打工的农民工群体构成了农村社会的核心阶层。基于此，农业增产、农民增收、解决农民的温饱问题成为国家大力推进社会主义新农村建设在经济建设领域的首要任务；在民生领域，以完善农村基础设施、改善农村教育条件、建立基本医疗保障体系等一系列满足农民基本生活需要的必需品成为新农村建设的重点工作。

近年来，在农村各项事业持续推动下，农村地区的异质性逐渐凸显。这种异质性体现在农村经济基础、社会结构、生活方式、思想文化观念等方方面面。从农村的经济基础来看，除了部分农村地区之外，对于多数农民而言，农业生产在农民生产劳动中所占的时间越来越少，农业生产所取得的收入在农民总收入中所占的份额逐渐减少，非农业生产成为农民收入的重要来源。这就意味着乡村经济的振兴必须突破农村与农业的传统思维定式。

乡村振兴战略与社会主义新农村建设基于不同的农村发展阶段，面临着不同的农村发展问题。就社会主义新农村建设而言，在 21 世纪初，部分农村地区土地撂荒严重，粮食减产；农民收入低，城乡居民收入差距不断扩大；农村基础设施落后，各项社会事业发展滞后，干群矛盾、土地矛盾、城乡矛盾等各种社会矛盾突出。随着国家政策重心向农村转移和社会主义新农村建设理念的提出，上述问题在一定程度上得到解决，农村地区彻底告别了农业生产力落后、农民面临严重生存危机、农村凋敝的历史时期，农村社会发展也紧跟国家的现代化步伐进入一个全新的发展阶段。

然而，与此同时，“农村空心化”“农业边缘化”和“农民老龄化”的

① 见 2017 年 10 月 18 日习近平总书记在中国共产党第十九次全国代表大会上的报告。

新“三农”问题日益突出。在城镇化的持续推动下，农村劳动力大量外流，农村人才流失严重；农村产业升级缓慢，生态环境问题突出。农民在经济发展、社会安全、文化教育、医疗卫生等方面的诉求日益增多，而乡村基础设施建设并不完善，基层治理体系滞后，难以满足农村居民的需求。

有学者总结出当前农村面临的六个方面的问题：一是农村人口结构失衡，二是农村产业发展滞后，三是农村教育问题突出，四是乡村传统文化衰落严重，五是乡村社会治理隐患存在，六是农村生态环境问题堪忧。

我国发展不平衡、不充分的问题在乡村最为突出，主要表现在：农产品阶段性供过于求和供给不足并存，农业供给质量亟待提高；农民适应生产力发展和市场竞争的能力不足，新型职业农民队伍建设亟须加强；农村基础设施和民生领域“欠账”较多，农村环境和生态问题比较突出，乡村发展整体水平亟待提升；国家支农体系相对薄弱，农村金融改革任务繁重，城乡之间要素合理流动机制亟待健全；农村基层党建存在薄弱环节，乡村治理体系和治理能力亟待强化。此外，农村地区还面临着农村一、二、三产业融合发展深度不够，农村人才匮乏；城乡基本公共服务和收入水平差距仍然较大等问题。

总之，实施乡村振兴战略的目标和宗旨不再仅仅是满足农民的最低生活保障，而是转向农村社会的深层次、结构性发展问题，转向提升农民的幸福感、获得感，满足农民对美好生活的向往。

（四）乡村振兴战略的重大意义

乡村振兴战略是对社会主义新农村建设理论的升级，它既是对此前社会主义新农村建设理论的继承，同时又是对它的超越，是对乡村发展、乡村建设在认识论和方法论上的创新和升华。这不仅体现在乡村振兴战略的发展要求和目标定位上，还体现在乡村振兴战略本身所蕴含的发展理念和实施原则中。

首先，较之社会主义新农村建设理论，乡村振兴战略为当前农业农村的现代化发展提出了新目标、新要求。从乡村振兴战略的目标要求来看，乡村振兴战略提出了一系列新要求，为新时期彻底解决“三农”问题提出了新方向。就农村经济建设而言，从“生产发展”到“产业兴旺”，要求从过去注重农业增产转向农业生产方式的升级，调整农业产业结构，提高农业创新力、竞争力和全要素生产率，在农业与二、三产业的关系方面，推动农业发展转向农村一、二、三产业的融合发展，构建现代农业产业体系、生产体系、经营体系；在农业和农村的关系方面，强调农业现代化和农村现代化的一并设计、同步推进。就环境文明建设而言，从“村容整洁”到“生态宜居”，要求处理好农业农村发展与自然生态环境保护的关系，进一步改善农村生态环境和人居环境，建设美丽乡村。就精神文明建设而言，坚持“乡风文明”，要求加强农村文化建设，大力弘扬社会主义核心价值观，树立文明新风，丰富农民的精神文化生活。就政治文明建设而言，从“管理民主”到“治理有效”，要求关注治理的结果和绩效。具体而言，着力推进农村基层治理体系与治理能力的现代化，建立党委领导、政府负责、社会协同、公众参与、法治保障的现代乡村社会治理体制，健全自治、法治、德治“三治合一”的乡村治理体系，确保乡村社会充满活力，和谐有序。就社会文明建设而言，用“生活富裕”替代“生活宽裕”，要求进一步提高农民收入，缩小城乡收入差距，加强农村公共基础设施建设，提高农村基本公共服务水平，改善教育，推进医疗卫生、社会保障等民生工程，提升农民的获得感、幸福感。总之，实施乡村振兴战略的目的就在于通过“五位一体”战略布局，统筹推进农村经济建设、政治建设、文化建设、社会建设、生态文明建设，将农村建设成为经济繁荣、环境优美、文明和谐的现代化乡村。

其次，乡村振兴战略的提出促使人们开始重新审视城乡关系，构建新型城乡关系。改革开放以来，城镇繁荣和农村凋敝的巨大落差，致使“逃离农村，扎根城镇”成为一代代生活在农村的农民孜孜以求的生存目标。农业、农村、农民在工业化、城镇化快速推进的进程中被迅速边缘化。在社会主义新农村建设背景下，“以工促农、以城带乡”发展方针的目的是破除城乡二元对立的格局，这虽然在认识上与“去农化”具有明显的不同，但并没有很好地反映农业对于人们生存和社会发展的基础性地位，甚至没有准确地反映我国工农、城乡之间应有的关系。工业化、城镇化居于主导，农业农村发展从属于工业化、城镇化的总体思路并未改变。在新的时代背景下，乡村振兴战略的提出是对“去农化”的彻底否定，并赋予了城镇发展和乡村发展同等重要的地位。鉴于此，乡村振兴战略提出了“坚持农业农村优先发展”的新目标、新要求。坚持把农业农村放在优先发展的地位，彻底改变了过去农业农村发展从属于工业化、城镇化进程的传统发展观念。此外，实施乡村振兴战略还明确提出要建立健全城乡融合发展体制机制和政策体系。用“城乡融合”代替“以城带乡”，是对城乡关系认识的进一步深化，通过农村和城市在生产、生活方式上的无差别对待，改变过去因城乡二元对立所导致的城乡关系的认知偏差。这就意味着乡村振兴战略的发展方向并非用城镇取代乡村，用城市文化取代乡村文化，而是通过资源共享和优势互补，建立城乡共同体，实现乡村振兴和城镇化的同步推进和城乡的共同发展。

最后，乡村振兴战略的提出要求农村发展的重心从外部支持逐步转向通过发掘内部资源，实现内源性发展。在社会主义新农村建设时期，国家通过政策扶持和制度供给的形式，不仅减轻了农民的生产生活负担，还在一定程度上释放了农村自我发展的潜力和活力，改变了农村的基本面貌。而在当前新的时代背景下，农村政治、经济、社会、文化、环境建设等各项事业较之以往有极大改善，农民的自主意识、参与意识不断增强，通过农村自身的力量实现内源性发展的时机日趋成熟。

二、基层公共服务能力

（一）基层

基层的含义有很多，本书的基层主要指基层政府。基层政府在我国是最低一级的权力执行机关，一般将乡（包括民族乡）、镇和街道办事处划入基层政府的范畴。

基于乡村振兴的背景，本书主要讨论乡镇和农村的公共服务能力。

1.乡镇

乡镇是国家行政体系中的最低一级地方行政建制，介于县、村之间。乡镇政府是我国的基层国家行政机关和乡镇人民代表大会的执行机关，执行乡镇人民代表大会的决议和上级国家行政机关的决定和命令，管理本行政区域内的行政工作。

乡镇政府作为我国的基层政府，与社会基层接触得比较多，是国家和政府联系广大人民群众的重要纽带和桥梁，起到了承上启下的作用，在我国行政体系中占据着极其重要的地位。乡镇政府承担着管理辖区内各项政治、经济和社会事务的职能，在整个行政体系中占有特殊地位，是党和政府联系广大人民群众的桥梁和纽带。

2.农村

关于“农村”的概念，不同国家的界定有所不同，且与不同历史发展阶段的整体发展水平和条件相联系。一般而言，农村是与“城市”或“城镇”相对应的概念。

在我国，农村是指不同于城市、城镇而主要从事农业的农民聚居地。在政治治理范畴内，我国的城市和农村有严格的户籍划分。但是，在学术界，关于城市与农村的划分与政治治理划分稍有不同。在国内的教育研究领域，农村概念有两种代表性的界定：一种是把行政区域划分中的县及其以下区域称为农村，其余的则为城市；一种是把县辖的乡镇及以下地区划为农村，其余地区为城市。

3.乡镇和农村的区别

乡镇和农村是中国的两种基本社会形态，它们有许多相同之处，但在许多方面也存在明显的差异。下面，就让我们深入了解一下乡镇和农村的区别。

（1）地域位置

乡镇和农村的地理位置是不同的。乡镇通常是城市和农村之间的过渡地带，距离城市和农村都不太远。而农村则是指远离城市的区域，通常在城市周边或偏远地区。因此，乡镇和农村在地理位置上都有很大的不同。

（2）经济发展

乡镇和农村的经济发展也存在明显的差异。在过去几十年中，中国的城市化进程非常迅速，很多乡镇也跟随着城市的步伐进行了经济转型，从农业经济向工业和服务业转型。相比之下，农村经济发展相对缓慢，仍然以传统农业经济为主，只有少数农村地区经济得到快速发展。

（3）人口规模

由于经济的发展，和城市的不断扩张，乡镇和农村人口规模也有很大不同。通常情况下，乡镇的人口比农村多，多数乡镇的人口达到数万或数十万人，甚至有的乡镇人口可以达到百万级别。与之相比，农村的人口数量相对较少。

（4）社会结构

在社会结构上，乡镇和农村的差异主要在于居民的职业和阶层分化程度。相对于农村，乡镇居民大部分是工人或工作在服务业的人员，职业多样性更为丰富。农村居民多数从事农业或农村经营活动。然而，随着农村经济不断拓展和城市化进程的加速，这种差异正在逐步地缩小。

（二）公共服务能力

“公共服务能力”一词由“公共服务”和“能力”两个词组合而成。公共服务能力作为政府能力的一个重要方面，是政府能力的直接表现，是政府能力在公共服务领域的重要体现。人们基于不同学科角度、不同研究旨趣的需要，对公共服务能力概念的界定也各不相同。总的来看，公共服务能力是指政府在提供公共服务产品、满足公共服务需求的过程中所表现出的能力。

公共服务能力和政府能力具有不同的内涵和特征。公共服务能力和政府能力的目的都是为完善自身管理和服务社会。政府能力偏重管理，注重从自身管理出发对社会事务进行全面管理，以完成对社会事务的管理为目标，而公共服务能力以公民需求为出发点，强调倾听民众意愿，尊重民众需求，坚持“公众至上”，强调要为企业、民众和社会提供优质高效的公共物品与服务，以公民满意为其追求的目标。

总体来说，基层公共服务能力是指基层政府利用有限的公共资源，充分发挥自身的职能和优势，在为公众提供公共产品和服务的基础上进行合理分配，并不断满足公众日益增长的各类公共需求的能力。

第二节　乡村振兴背景下的乡镇公共服务能力

在当前国家大力推进乡村振兴战略的现实背景下，如何转变乡镇职能，提升乡镇公共服务能力，不仅是推进乡镇治理体系和治理能力现代化的迫切需要，同时也是保障乡村振兴战略顺利实施的核心命题。这就需要立足于当前国家大力推进乡村振兴战略的宏观背景，对乡镇公共服务能力的总体状况、发展困境、内在原因和提升路径进行更为深入的分析和思考。

一、乡镇公共服务能力的含义

乡镇公共服务能力由“乡镇”和“公共服务能力”组合而成。乡镇作为乡镇公共服务供给的直接承担者和公共服务能力的最终履行者，在农村公共服务的供给中居于主体地位。乡镇公共服务能力是对乡镇一级公共服务能力的特指，是乡镇能力的一个重要组成部分。

综上所述，乡镇公共服务能力是指乡镇结合当地社会经济发展的真实水平与民众需求等实际情况，凭借其合法性地位和公共权力，通过获取、配置、整合各种资源，以制定并推行各项制度或政策的形式，为辖区内的成员提供各类公共产品或服务，以不断满足民众日益增长的社会需求，实现乡镇社会公共利益的能力。

首先，就其主体而言，乡镇公共服务能力要通过作为组织形式存在的乡镇政府表现出来。这就意味着影响乡镇公共服务能力的因素除了外部环境之外，还包括构成乡镇的组织机构、制度机制以及服务人员等内部要素。乡镇政府作为一个由各个要素组成的整体，其服务能力水平的高低与乡镇自身组织机构设置的合理性、制度机制的完备性以及乡镇服务人员的总体素质密切相关。作为一个系统的有机整体，乡镇公共服务能力的充分发挥也离不开各个组成要素之间的协同。只有保持乡镇组织机构、制度机制和人员素质等内部各要素的有机结合和动态均衡，才能够实现乡镇公共服务能力的最大化。

其次，就其背景而言，乡镇公共服务能力建立在其赖以存在的地区社会经济环境之上，并与其所在地区社会经济发展水平相适应。换言之，乡镇公共服务能力不能仅靠乡镇本身的行为来体现，而要通过乡镇与其环境之间的相互作用关系表现出来。政府系统与其环境系统之间的输入、转换、输出均属于公共服务能力的重要组成部分。基于此，如果要考察某一乡镇的公共服务能力状况，就必须从其所在的特定社会经济背景出发，厘清乡镇系统与其环境系统之间的相互作用关系，并且从动态发展的角度，把握政府在适应环境变化压力和挑战的过程中所表现出的公共服务能力变化。

再次，就其内容而言，乡镇公共服务能力是乡镇在提供公共服务过程中综合表现出的能力，这就意味着乡镇公共服务能力不单指乡镇的公共服务供给能力，还包括一切在围绕着公共服务供给而展开各种活动的过程中所体现或应具备的能力。具体而言，这些能力包括乡镇在公共服务供给中表现出的资源汲取、配置、整合能力；组织、动员、协调、引导能力；民意聚合、甄别、回应能力；服务过程和结果的监督、评估、激励、惩戒能力；等等。换言之，乡镇既可以作为服务主体直接参与服务供给，体现为乡镇的服务供给能力，又可以以代理者、监督者、协调者的身份通过市场化、社会化的途径将公共服务供给的具体工作交给其他主体，体现为监督、激励、协调等其他方面的公共服务能力。

最后，就其目标而言，乡镇公共服务能力的目标指向辖区内民众需求的满足和社会公共利益的实现。公共利益构成了乡镇公共服务能力存在的前提，公共服务能力的发挥一旦脱离民众的现实需要，就必然会出现乡镇公共服务的无效供给。乡镇公共服务能力水平的高低以辖区内民众需求的满足为尺度，不断提高乡镇公共服务能力，满足农村社会民众日益增长的物质文化需求，构成了乡镇合法性基础的重要来源。基于此，乡镇公共服务能力建设必须以辖区内的社会公众为本位，尊重民众的意愿和现实诉求。同时，民众的需求以及民众对社会公共利益的定位并非一成不变，而是随着社会经济的发展而处于不断变化中。乡镇公共服务能力的评估标准也必然会随着民众需求和社会公共利益的变化而不断升级。

二、乡镇公共服务能力的特征

乡镇公共服务能力的特征源于乡镇公共服务的特征，是乡镇公共服务的若干特征在政府能力方面的具体体现。

（一）公共性

乡镇公共服务能力以其服务性质的公共性为首要特征，这是由乡镇公共服务的公共产品属性决定的。社会产品包括公共产品、准公共产品和私人产品。其中，公共产品由于具有效用的不可分割性、消费的非竞争性和受益的非排他性等不同于私人产品的特征，须由以政府为主的公共部门来提供。

就乡镇公共服务能力而言，与公司、企业、商户等经济生产部门主要提供满足个体需求的私人产品相比，乡镇提供的服务属于具有非竞争性和非排他性的公共产品（或准公共产品），如电气设施、交通设施、文娱设施、基础教育设施、基本医疗卫生设施等均属于公共产品的范畴，都直接服务于乡镇辖区内的全体民众。因此，乡镇政府只有向辖区内的民众提供无偿的、无差别的公共产品，满足民众的公共需求，才能体现其公共服务能力。

乡镇公共服务能力在基层的公共服务能力体系中居于基础地位，是保障和维持乡镇公共利益持续实现的基本因素。

（二）多样性

从乡镇的服务领域和服务内容来看，乡镇公共服务能力具有显著的多样性特征。乡镇公共服务能力的多样性源于基层公共服务领域的广泛性和服务内容的复杂性。由于乡镇的服务内容涉及基层的政治、经济、社会、文化、环境等多个领域，乡镇公共服务能力必然表现为乡镇政府的公共安全能力、经济服务能力、文化创新能力、社会服务能力、环境保护能力等多种形式，涵盖教育、文化、体育、医疗卫生、市场监管、社会保障、基础设施建设等基层群众生产生活的方方面面。

需要指出的是，受历史和现实国情的影响，我国乡镇公共服务不同于西方政府管理理论意义上的政府服务，从公共产品理论来看，政府对公共产品和服务的供给应当专注于具有非竞争性和非排他性的公共物品领域。因此，乡镇公共服务的定位既不同于西方政府管理意义上只关注市场之外的领域，同时又不同于改革开放之前传统意义上的全能型政府。其服务内容往往事无巨细、复杂多样，涉及民众的衣食住行等各个领域，甚至深入基层社会生产生活的细枝末节。这一现实国情使得乡镇公共服务能力的多样性特征更为突出。

（三）技术性

较之其他层级的政府服务，乡镇一级的公共服务能力更加注重技术性、策略性手段的运用，更加重视一线服务工作人员的操作技能。

一方面，从乡镇与上级政府的职权关系来看，在社会管理和公共服务的分工体系中，各级政府以规划性、战略性的决策为主，乡镇处于我国政府行政体系的底层，则以执行上级政府的各项决策为工作重心。由于乡镇承担着各项基层政策的具体执行工作，在公共服务供给过程中就必然侧重技术性手段的运用。

另一方面，在乡镇与基层社会的关系维度上，乡镇的服务供给指向基层社会需求的满足，而人民群众需求的复杂化和多元化，往往要求乡镇政府在回应基层社会诉求时着眼于具体的策略，灵活运用各种方式方法。基于此，乡镇在其他服务能力之外，更关注对上级政府各项服务政策的执行以及对基层社会需求的回应等，因而具有鲜明的技术性特征。这一特征主要体现在人们对乡镇的资源汲取、配置、整合能力，民意聚合、甄别、回应能力，组织、协调、沟通能力等关注尤甚，而对其统筹、设计、创制、规划能力的关注较弱。乡镇公共服务能力的这一特征要求乡镇服务人员具有较高的专业素养和较强的实践能力，以满足基层社会复杂化、诉求多元化的服务需要。

（四）整体性

乡镇公共服务能力的整体性特征是由政府能力本身的性质决定的。乡镇公共服务能力是一个整体性概念，它并不特指乡镇的某一具体服务能力，而是对其所有具体的公共服务能力的总体性描述，是所有具体的乡镇公共服务能力的集合。乡镇公共服务能力的整体性特征要求我们正确处理整体能力与局部能力的关系，既要将其作为一个整体来测量和比较不同地域特性、不同资源禀赋的乡镇之间服务能力的高低优劣，又要能够深入了解乡镇公共服务供给，从服务内容、服务手段等不同的维度对其进行细致入微的观察。

此外，乡镇公共服务能力的整体性还体现在乡镇的组织特征上，表现为一种组织的能力，是对政府组织的“人格化”描述。与个体能力表现为一种个性心理特征所不同的是，乡镇作为一种组织的能力建立在与之相匹配的组织结构、制度机制、资源禀赋以及人员素质等一系列要素的基础之上。这些要素的组合以及要素之间的相互配合使乡镇超越了单个要素本身的功能，并作为一个有机整体发挥其服务职能。

换言之，乡镇公共服务能力是乡镇各要素功能及其相互关系的集中体现，只有建立起服务型政府的组织架构、制度结构以及人员结构等，才能形成乡镇的公共服务能力。

三、对乡镇公共服务能力的研究

21 世纪初，随着公共服务进入人们的视野，一些学者将公共管理学领域的服务型政府引入乡镇问题的研究领域。从对地方政府职能的一般研究逐步转入对乡镇职能的具体研究，探究乡镇的服务角色、服务范围、服务机制、服务水平，并获得了许多具有重要价值的成果。“服务”逐渐成为乡镇理论研究的热点问题。

回顾乡镇公共服务能力研究的演进历程，研究的主题从对乡镇功能定位、发展方向等问题的宏观思考，到对乡镇运行机制、行为逻辑等议题或现象的微观考察，从单纯地注重机构的设置、人事制度、财政制度的调整到关注政府与市场、政府与农村社会等整个治理体系和治理结构的优化升级，人们对乡镇公共服务能力的认识一直处于不断深化的进程中。乡镇公共服务能力研究的方法路径、技术手段、理论角度等各个方面都得到了极大提升。但同时不可否认的是，当前关于乡镇公共服务能力的研究仍存在诸多不足。

首先，就研究的主题而言，乡镇处于行政体系的末梢，相比其他层级的政府，其公共服务供给具有显著的特殊性。在乡村振兴背景下，乡镇在农村公共服务供给中应承担怎样的服务职责，发挥怎样的服务功能，乡镇公共服务特殊性的具体表现，其服务能力总体水平如何，乡镇公共服务能力的提升面临着哪些主客观因素的制约等，都需要进行专门深入的考察和研究。虽然从当前的研究成果来看，学术界关于政府能力、公共服务、公共服务能力的研究可谓卷帙浩繁，但是专门研究乡镇一级公共服务能力的学术成果为数不多，多数学者往往从农村基层政府的角度，将其与县一级政府作为一个整体一并研究，造成乡镇在基层公共服务供给中的特殊性被有意无意地忽略。关于乡镇公共服务能力的专题研究较为欠缺。

其次，就研究的深度而言，乡镇位于国家和社会连接的交界面上，乡镇政府的组织结构、行为逻辑无时无刻不受国家与社会结构性要素的影响。然而，从现有的研究成果来看，多数学者仅围绕乡镇公共服务能力建设存在的问题或现象本身开展研究，往往就事论事，过度关注问题本身而忽略问题背后的深层次原因，将人们的理论关怀限定在过于狭窄的范围内，使得研究者陷入了一种“头痛医头，脚痛医脚”的狭隘视野。这不仅导致理论本身缺乏应有的前瞻性和预见性，还造成各项研究结论之间缺乏联系，使整个研究呈现出明显的碎片化特征。同时，过度关注问题本身而对这些问题或现象背后本质的考察不足，还导致人们在多数问题的认识上往往千篇一律，难以有实质意义上的理论创新和突破。

最后，就研究的方法而言，客观、真实地考察乡镇公共服务能力的总体水平，把握乡镇公共服务供给现状，是开展乡镇公共服务能力分析的基础。在对乡镇公共服务能力现状的考察中，多数学者仍旧采用“拿来主义”的做法，在研究方法的选择上仍以定性研究为主，而定量分析明显不足。这就不免造成人云亦云的局面，而缺乏认识上的真实性和可信度。作为与乡镇的行为活动密切相关的研究课题，第一手原始材料和数据的不足，往往造成理论研究与实际状况严重脱节，无益于乡镇公共服务能力建设过程中诸问题的解决。

四、提升乡镇公共服务能力的意义

乡镇作为我国最基层一级的国家政权机关，是贯彻落实党和国家各项路线、方针、政策的执行主体，是连接国家与人民群众的纽带，在基层政治、经济、社会、文化等各项事业的发展中占据着重要地位，在促进经济发展、满足人们的公共服务需求以及维护基层社会和谐稳定等方面发挥着重要作用。

乡镇公共服务能力建设的整体状况直接关系到基本公共服务体系建设和城乡基本公共服务均等化的总体水平，关系到乡村振兴战略实施的具体成效。作为乡镇改革的主要方向，提升乡镇公共服务能力，建设服务型乡镇，对于完善基层公共服务体系、推进基层治理体系和治理能力现代化、满足群体对美好生活的需要具有重要意义。

（一）是完善乡镇公共服务体系的重要内容

国家通过公共服务供给的方式对社会财富进行再分配，有利于缩小贫富差距，保障社会弱势群体，消解社会的不稳定因素，维护社会的公平正义。基于此，国家公共服务供给水平和服务水平的提高是社会进步的象征，国家向社会大规模地提供社会公共服务，是建设现代国家制度、实现国家治理现代化的重要内容。进入 21 世纪以来，我国人民群众日益增长的对基本公共服务的需求与公共服务总体供给水平不足之间的矛盾日益凸显。为适应我国社会发展的需要，我国政府提出了建立和完善国家基本公共服务体系、推进基本公共服务均等化的要求，并将提高公共服务供给水平、建设服务型政府作为各级政府行政体制改革的目标和任务。

乡镇公共服务是国家基本公共服务体系的重要组成部分。构建和完善乡镇公共服务体系，提升基层基本公共服务供给水平，满足人民群众日益增长的公共服务需求，是加强国家基本公共服务体系建设、推动实现城乡基本公共服务均等化的重要内容。

一方面，从公共服务的具体内容来看，乡镇公共服务包括医疗卫生、养老服务、病残救助、文体教育、生态环境等，旨在保障全体公民生存和发展基本需求。基于此，乡镇公共服务体系可进一步细化为乡镇医疗卫生服务体系、乡镇养老服务体系、乡镇文化教育服务体系、乡镇公共安全服务体系等具体领域。另一方面，从公共服务的供给机制来看，乡镇公共服务体系包含了与乡镇公共服务供给相关的机构、制度和机制的总和。它既包括在整个公共服务供给过程中必不可少的需求表达、决策、执行、监督、评估等各个环节的规章制度，同时又涵盖关涉公共服务的供给主体与对象、供给组织结构、供给渠道和平台、供给方式方法等内容。

对基本公共服务进行详细分类，其中在基本公共教育、劳动就业服务、社会保险、基本社会服务、基本医疗卫生、基本住房保障、公共文化体育以及残疾人基本公共服务等民生领域，系统涵盖公民的出生、教育、劳动、养老等不同阶段，以及衣食、居住、健康、文体等不同领域的服务项目，构成了我国基本公共服务体系的具体内容。

一方面，随着国家基本公共服务政策、制度和机制的贯彻实施，我国基本公共服务体系建设取得了显著成效。义务教育全面实施，公共文化服务能力日益增强，社会保险制度逐步向乡镇扩展，保障水平逐步提高；城乡社会救助体系和社会福利体系基本形成。另一方面，随着社会经济的持续发展和人民生活水平的不断提高，国民对公共服务的需求与日俱增，乡镇同样面临着群体公共服务需求不断升级的现实状况。在乡村振兴背景下，群体的公共服务需求呈现出许多新的特征。但就现阶段而言，我国部分乡镇服务资源配置不均衡、服务质量不高等问题仍旧突出，在医疗卫生、养老保障、就业创业等公共服务领域仍存在着较大的提升空间，公共服务供给不足日益成为制约农村社会经济发展的障碍性因素。鉴于此，乡村振兴战略的实施为乡镇公共服务体系建设提出了一系列新任务、新要求。

就目前来看，乡镇公共服务供给的制度机制建设、能力建设在农村基本公共服务体系中居于最核心、最关键的地位。当前，乡镇文化教育、医疗卫生、社会保障、基础设施建设、生态环境建设等一系列具体的公共服务项目，无一不需要通过乡镇一级政府负责组织实施并完成，这直接考验着乡镇的组织协调、资源整合、监督指导等各项具体服务能力。乡镇公共服务能力的高低优劣，直接关系到农村基本公共服务体系的整体建设水平。提升乡镇公共服务能力，建设服务型乡镇，是合理配置城乡服务资源，提高乡镇公共服务供给水平的重要内容，是实现城乡基本公共服务均等化的重要途径，是为人民群众提供优质高效的公共服务的重要保障。只有提升乡镇公共服务能力，不断提高乡镇的服务效能，才能补齐公共服务短板，逐步建立和完善公平公正、惠及全民、水平适度、可持续发展的乡镇公共服务体系，才能从根本上改变乡镇公共服务供给不足的现状，实现城乡基本公共服务均等化。

（二）是推动乡镇治理现代化的现实需要

乡镇治理现代化是国家治理现代化的重要组成部分，是国家治理体系和治理能力在基层社会的具体表现。国家治理体系和治理能力是党和国家在社会主义新时代面对新任务、新要求，为推进实现社会主义现代化而作出的重大战略举措。

在乡镇建立健全党委领导、政府负责、社会协同、公众参与、法治保障的现代社会治理体制，构建自治、德治、法治三位一体的现代治理体系，实现“治理有效”是乡村振兴战略得以顺利展开的基础性工作，同时也是当前推动乡镇治理现代化的主要内容。而作为乡村振兴战略的重要参与者、实践者、推动者，乡镇治理的现代化转型无疑是推进基层治理体系和治理能力现代化的关键环节。

推进实现乡镇治理的现代化转型，构建乡镇治理新格局，既有客观的必要性，又有现实的紧迫性。所谓必要性，是因为乡镇治理现代化作为基层治理现代化的核心内容，是建立健全现代乡村社会治理体制的基础和前提，是推动实现农村基层治理现代化的重要保障，是构建自治、德治、法治三位一体的现代治理体系，实现“治理有效”的内在要求；所谓紧迫性，是指当前乡镇治理水平整体落后，传统的政府管理模式不仅无法适应社会飞速发展的现实需要，而且已成为制约基层社会治理转型的障碍性因素。现阶段，乡镇的社会管理和公共服务职能没有得到应有的发挥，致使乡村社会治理成为实施乡村振兴战略的薄弱环节，具体体现在环境治理、市场监管、医疗保障、基础设施建设等各个方面。从当前我国乡镇现实状况来看，乡镇社会管理和公共服务职能缺位、服务理念滞后、服务能力不足、服务机制不健全，严重制约了基层社会的治理转型和乡镇治理体系的完善。

提升乡镇公共服务能力，建设服务型乡镇，不仅是推动实现乡镇政府治理现代化转型，构建乡镇治理新格局的内在要求，同样也是实现基层治理体系和治理能力现代化，构建现代社会治理体制的必然选择。乡镇公共服务与乡镇治理现代化在治理价值、治理能力等方面具有高度的契合性，加强乡镇公共服务建设，是推进乡镇治理现代化的一个微观路径。乡镇政府治理现代化是乡镇治理体系和治理能力现代化的总称。乡镇的治理能力表现为乡镇在农村基层治理过程中的一系列能力，包括乡镇在农村基层社会的资源汲取能力、发展经济能力、社会管理能力、公共服务能力和制度建设能力等。而乡镇公共服务能力作为乡镇治理能力的重要组成部分，不仅是提高乡镇治理能力，推动实现乡镇治理现代化转型的迫切需要，也是当前完善乡村基层治理体系和治理能力的重点、难点和突破点。加强乡镇政府公共服务能力，建设服务型乡镇，就是要通过强化乡镇的公共服务职能、提高乡镇服务效能的方式推进乡镇和农村基层治理的现代化转型，推动乡镇的工作重心从“经济建设”和“政治维稳”转移到农村公共产品和服务的供给上来。

在乡村振兴背景下，构建和完善社会治理体制，实现乡镇治理现代化的重要任务之一，就是通过调整和重塑国家与社会之间的相互关系，实现政府、社会、市场、人民群众的优势互补和动态平衡。乡镇在公共服务供给的各个环节与人民群众开展协商对话和互动合作，能够逐步改变乡镇自上而下的单向度的决策方式和工作方式，促使两者之间形成新型的现代治理关系。因此，提升乡镇公共服务能力，建设服务型乡镇，有利于推动乡镇重新调整政府职能，以公共服务为着力点，重新“回归”基层社会，这对于从根本上推动乡镇治理现代化具有重要的现实意义。

（三）是满足人民群众对美好生活需要的必由之路

随着社会主义建设进入新时代，中国社会的主要矛盾已经转化为人民日益增长的美好生活需要和不平衡不充分的发展之间的矛盾。乡村振兴战略的提出，正是对当前人民群众对美好生活的需求和城乡不平衡、不充分发展之间矛盾的有力回应。乡镇发展的不平衡、不充分体现在各个领域，而在城乡公共服务供给方面表现得尤为突出。城乡公共服务的非均衡性特征显著，体现在优质公共服务资源过度向城市集中，部分乡镇公共服务供给的整体水平落后，在就业养老、文化教育、医疗卫生、环境保护等方面的缺口较大，不仅在总量和质量上滞后于城市，也远远滞后于城镇社会和经济发展的现实需要。

鉴于此，补齐当前乡镇公共服务供给的短板，逐步实现城乡服务均等化，是消除当前城乡社会发展不平衡的关键措施。作为推进乡村振兴战略的重要举措，提升乡镇公共服务能力，有利于从根本上缩小城乡公共服务供给的差距，逐渐改变乡镇公共服务落后于城镇地区的现状，进而逐步实现城乡公共服务的一体化、均等化发展。

提升乡镇公共服务能力，为增加人民收入、繁荣经济提供了更为广阔的空间，是推动经济和社会发展的必然要求。满足人民群众对美好生活的需要，经济建设是基础。促进经济发展，提高人民群众的收入水平和生活水平，是满足其日益增长的对美好生活需要的基础性、前提性条件。为此，乡村振兴战略突出强调产业发展的重要性，提出了“产业兴旺”的要求。

推动经济发展和人民增收，同样离不开基本公共服务体系的完善，离不开乡镇公共服务职能的发挥。建立健全乡镇公共服务体系是经济持续、快速发展的重要支撑，是改善人民生产和生活条件的重要物质基础，是保持社会和谐稳定的迫切需要。作为乡镇公共服务体系的重要内容，提升乡镇公共服务能力，特别是提升乡镇服务于农村农业生产的能力，为提高农业综合生产能力、建设现代农业提供了重要保障。

提高乡镇公共服务能力，有利于满足人民群众的多元化诉求，满足人民群众日益增长的对美好生活的需要，切实增强人民群众的获得感和幸福感。我国社会主要矛盾的新内涵、新变化，对公共服务供给也提出了新的要求。随着社会经济的持续发展，人们从对基本的物质需求向更高层次、更高质量、更多元化的需求不断升级，不仅对公共服务的种类和总量的要求越来越多，而且对公共服务的质量的要求也越来越高。美国学者英格尔哈特（R. Inglehart）曾指出，现代化的进程与工业社会的进步带来了社会文化的转型，即物质主义的价值观向后物质主义的价值观转型，即从强调经济与物质安全的第一位转向强调自我表现与生活质量。

乡村振兴战略被称为社会主义新农村建设的升级版，其原因在于从实施乡村振兴战略的时代背景来看，中国农村社会总体上也正在从“物质主义”的价值观向“后物质主义”的价值观转型，具体表现为从强调经济与物质安全的第一位（解决温饱问题）逐步过渡到更高水平的多元化需求以及生活质量的进一步提高（解决环境、教育、医疗、卫生、基础设施问题等）。正是基于当前的定位，乡村振兴战略为乡村建设提出了新目标、新要求——除了满足农民衣食住行等基本需要之外，将健康舒适的人居环境，健全的医疗卫生保障体系、丰富多彩的精神文化生活、完善的基础设施建设等作为乡村全面振兴的重要内容。因此，提升乡镇公共服务能力，提高乡镇政府对上述多层次、高质量、全方位公共产品或服务的供给能力，是应对人们需求不断升级的必然选择。

第三节　乡村振兴背景下的农村公共服务能力

农业是安天下、稳民心的战略产业①。我国农村人口占多数，从一定意义上讲，没有农村的繁荣稳定就没有国家的繁荣稳定，没有农业的现代化就不可能有国家的现代化。因此，党和国家多年来高度重视农业、农村、农民问题。

① 党的二十大在擘画全面建成社会主义现代化强国宏伟蓝图时，对农业农村工作进行了总体部署。概括地讲：未来 5 年“三农”工作要全面推进乡村振兴，到 2035 年基本实现农业现代化，到本世纪中叶建成农业强国。

一、农村公共服务能力的含义

农村公共服务能力是以政府为核心的公共部门，不以营利为目的，旨在追求有效增进与公平分配社会公共利益和社会成果的调控活动，并通过整合社会资源，统筹城乡发展，广泛运用政治、法律、管理、经济等多种方法，增强政府对农村的治理能力，为农业生产、农民生活提供必要的公共服务，从而达到城乡共同发展，以期提高农业生产水平和农民生活质量，解决农民生产生活中必须解决的公共问题，促进城乡一体化发展，实现社会和谐。

二、农村公共服务能力的特征

公共服务不同于个别服务和特有服务，它的突出特点是公共性，而农村公共服务又不同于城市的公共服务。农村公共服务的产生晚于城市公共服务，它是社会在以城市公共服务为重点的前提下形成的。因此，它类似于人们常见的城市公共服务，但又不同于城市公共服务。它更突出农业生产这个主题，许多公共服务项目都围绕农业生产而展开，而农民生产生活所必需的公共服务设施也被烙上了“农”字的特征。

具体来说农村公共服务具有以下特征。

农村公共服务的目的是实现农村、农民的公共利益。这是因为公共服务是实现公共利益的国家行为和活动，公共组织必须把其作为行动的方向和指南，并积极工作，有所作为。农村公共服务的导向来自这样一种需要，即政府对农村工作的目的是保证政府行为代表农民的公共利益，促进农业生产的持续、稳定、快速发展，促进农民与城镇居民同样享受社会进步与发展的成果，从而促进城乡一体发展，促进社会的稳定与和谐。

农村公共服务主要内容是农业生产。农村公共服务不同于一般城市公共服务，它的区域特定性决定了其内容的特殊性。农村公共服务是在农村这个特定区域发生的，因而有其特殊性。许多服务项目和内容都与农业生产密切相关，如农村农田水利、农产品生产运输等方面的基础设施建设就是其主要内容。

农村公共服务的对象是农民。农村公共服务的主体是政府，服务的对象是农民，这是由农村公共服务的性质决定的。由于农村公共服务的对象是农民，所以农民的公共需求、农民生产生活需要的公共产品就是农村公共服务的主要内容。换句话说，农村公共服务的重要特征之一就是“农民性”，即农村公共服务由于其特定对象是农民，因而具有强烈的“农”味。这种“农”味其实是基于长期的城乡二元结构所形成的，除了“农业生产”具有特殊性外，从本质上讲，农民的衣食住行及精神需求与城镇居民并没有根本性的区别，只是由于多年来形成的城乡二元结构，把农民隔离在城市以外，才形成了农民的思想、语言、行为与城镇居民的差别。

一般认为，这种农民性，是阶段性的、历史性的，随着社会的进一步改革和进步，城市居民和农民除了工作性质的差别以外，没有也不可能有其他方面的本质差别。然而，在目前状况下，“农民性”的公共服务还是不可避免地打上了时代的烙印，这不能不说是其特征之一。

农村公共服务强调价值与责任。农村公共服务部门在强调经济、效率、效能的同时，也要重视公平、公正和民主，这些都是公共服务所追求的价值。特别是农村公共服务，农民所在的一定区域内信息的透明度和相互知情度远高于城镇，因而在公平、公正和民主方面比城市要求更高。与此同时，农村公共服务必须强调责任，没有责任的公共服务必将被农民唾弃，因此，农村公共服务应强调客观有效的绩效测量指标，让公共服务实效立竿见影，这样才能保证政府公共部门责任的落实。强调责任是公共服务区别于私人部门的重要特征。在私人部门中，一切以追求利润为主，很少谈及价值，对权利和责任的划分也是很清楚的。

农村公共服务领域的广泛性。农村公共服务是从区域性上区别于一般公共服务的，其服务领域几乎包括了所有公共服务项目。它不仅保留了城市公共服务传统的服务内容，更有城市公共服务所没有的与“农”有关的特殊服务内容，因而其涉及的知识面也具有相对广泛性。农村公共服务所需求的知识可以说包罗万象，既涉及经济学、管理学、政治学、社会学，也涉及农学、建筑学、财政学、统筹学，是各学科相关知识和方法的融合体。

农村公共服务具有强烈的统筹性。农村公共服务虽然限定了服务的区域在农村，但是城乡统筹是国家近年来实施的一项重大政策。一方面，农村不可能永远与城市保持现有的二元体制结构，另一方面，农村与城市在同一社会结构中其联系是千丝万缕、无法割舍的。尤其是在党和国家将城乡统筹作为重大战略决策来抓的时候，农村公共服务自然是统筹的重要内容。几十年来，由于我国实行的城乡户籍制度人为地隔绝了城市与农村，加上政策扶持和财政支持倾向于城市，以致农村公共服务严重缺位，导致农村公共服务严重不足，这就更需从统筹的高度来看待农村公共服务。可以想象，没有农村公共服务能力的提升，就没有城市的长久繁荣；没有农村公共服务能力的提升，就没有社会和谐的最终实现。

三、农村公共服务能力的类型

农村公共服务是为农村、农民提供的农村社区公共享有的公共产品。按照其功能和不同发展阶段的需求变化，可以将农村公共服务分为四种类型。

一是生态保护型。生态保护型指有助于推进农村生态和谐从而使农业生产可持续发展的公共服务，如农村生态保护、农村环境建设、农村村庄绿化美化、农业灾害防治等。农业生态保护是目前比较薄弱的环节，有人认为，在当前情况下，农村不存在生态保护的问题，其实这是一大谬误，惨痛的教训不仅历历在目，而且当前的现实也足以证明农村生态保护刻不容缓。例如，当前许多原始森林遭到毁灭性破坏，给农业生产及自然生态带来沉重的打击，引发了一系列严重后果。许多地方的填海、填湖行动，给当地农业生产带来的危害也早已为人们所熟知。因此，农村生态保护，依然而且必然是农村公共服务的重要内容，必须列入政府或公共服务部门的公共服务范畴，以确保农民的公共利益。

二是公共服务型。公共服务型指保障农村社区稳定和农村基层政权正常有效运行的公共服务，比如农村社会治安，农村村民自治及乡镇政权建设，农民的政治民主问题等。

三是社会保障型。社会保障型指为提高农民福利水平和为农民提供基本生活保障的公共服务，比如农村基础教育、农民职业教育、农村公共卫生和医疗、农民养老保险、医疗保险、农村社会救济、农村文化体育活动及农民的精神文化需求等。

四是经济发展型。经济发展型指对农业生产和农村经济发展起支撑和促进作用的公共服务，比如农村基础设施中的水电路讯等，农田水利设施，农业气象，农业科学技术研究和推广，农产品市场信息等。

四、农村公共服务能力的内容

根据农村公共服务的基本定义可知，农村公共服务是政府为农村、农业、农民提供的生产生活所必需的公共产品。如前文所述，农村公共服务主要分为四大类型，按照这个分类，下面分别阐述各类型农村公共服务的主要内容。

（一）生态保护型的农村公共服务内容

生态保护型的农村公共服务内容主要包括以下几个方面。

1.农村生态保护

农村生态保护包括森林保护，植被保护与恢复，农作物种植与生态保护的矛盾与协调，耕地的保护与生态建设。

2.环境建设

环境建设包括农民生活环境的建设，主要指生活环境、生活设施等方面的建设，在协调人与自然关系的前提下努力提高农民的生活质量，改善农民的生产生活环境。当前要重点建设人畜饮水工程、农村能源工程，改善农村环境卫生等。

3.村庄建设与规划

村庄建设与规划村庄建设是生态建设的一个重要方面。目前，农村的村庄建设大多是无序发展的。虽然我国颁布了《中华人民共和国城乡规划法》，但执行的力度还不够，这是农村公共服务的一个重大缺陷，必须引起足够的重视。

4.农业灾害防治

当前，农业灾害频繁，而且相关部门预测和防治灾害的能力有限。所以，必须将农业灾害防治纳入公共服务范畴，依靠政府的力量来增强农民抗灾害的能力。这种抗灾害的能力包括两方面：一是灾害的预测能力，比如天气预报，要尽量做到准确无误，早准备、早预防，增强农民的抗灾害能力；二是灾害的防治能力，灾害来临时如何增强农民应对灾害的能力，尽量减少灾害造成的损失。

（二）公共服务型的农村公共服务内容

公共服务型的农村公共服务，涉及的内容最多，涉及的面最广，它包括农民生产生活必需的大部分公共服务。公共服务还是一个动态的发展过程，随着社会的进步与发展，公共服务的内容也会发生变化。具体来讲，在目前情况下公共服务型的农村公共服务主要包括以下几个方面的内容。

1.农村社会治安

农村社区的治安问题是农村公共服务的核心内容，社会安定，人们才能安居乐业。没有安定的社会环境，人们整天提心吊胆，就不可能实现社会良性有序运转。维护农村社会稳定，治安状况的好坏是关键——社会治安问题是政府关心的头等大事，是政府应尽的职责，同样也是事关老百姓生活的重要问题。广大农民热切希望政府创造平安、稳定、有序的治安环境。

2.农村基层组织建设

农村政权的稳固与运行是农村公共服务的龙头，强化政权组织建设，保证农村政权高效运行是公共服务的重中之重。农村基层组织建设包括思想建设、作风建设和队伍建设。思想建设的重点是用习近平新时代中国特色社会主义思想武装农民，使广大农民接受社会主义核心价值体系，并深入学习，化为行动。作风建设的关键是农村各级领导班子的工作作风符合广大农民的要求，能带领广大农民齐心协力搞好经济建设。队伍建设的重点是配齐各级领导班子，使农村有坚强的领导队伍。特别是要强化村党支部、村委会，即“两委”班子的建设，使“两委”班子有战斗力、凝聚力，成为农民信得过、办事有魄力、建设有能力的领导班子。

3.农村公共管理

农村公共服务在我国还是一项全新的工作，许多公共服务产品的提供都要通过管理手段来落实，因此公共管理也就成了农村公共服务的重要内容。农村公共管理涉及的面非常广，从组织领导到具体实施，从体制机制到队伍建设，从决策执行到绩效评估，无一项工作能离开公共管理。农村公共管理主要涉及农村公共事务的管理，这些事务是农民一家一户无法办好的公共事务，也不是私人或小群体的私人事务。农村公共管理是一项全新的工作，是农村公共服务的核心，农村公共管理到位，农村公共服务才能到位，公共管理不具体、不科学，公共服务就不能满足农村社区的公共需求。换个角度说，公共服务不能达到社区内农民的公共需求，就说明公共管理不成功或管理水平低下。按照公共管理的基本定义，农村公共管理的具体内容可以说是一个动态的内容，会随着时间的变化而不断地发生变化。总的来说，就是要通过公共管理满足农民对公共服务的需求。

4.农村农业法规制度体系

国家有关农业农村的法律法规以及行政规章等法律和制度体系都是公共服务的重要内容。

（三）社会保障型的农村公共服务内容

该类农村公共服务包括农村社区农民的教育、文化、医疗卫生、社会保障等方面的公共服务。

1.教育

教育是重要的农村公共服务内容。一般认为，农村教育问题一是基础教育，二是职业教育。两者不可偏废，但重在基础教育。基础教育的重点是九年制义务教育。2007 年，国家在全国农村全部免除义务教育阶段的学杂费，继续对经济困难家庭学生免费提供教科书并补助寄宿生活费，农村义务教育发生了质的变化，农民受教育的权利有了保障，有力地促进了基础教育的发展，对提高农民的受教育程度起到了很大的作用。

目前，农村基础教育面临的问题是教育质量和农民工子女的教育问题。农村中小学办学条件的改善，师资水平的提高将是农村基础教育的重点。农民工子女教育问题也是农村基础教育的一个重大问题，近年来，农民职业教育的问题已经引起党和政府的高度重视，提高农民的职业素养和能力，是现代农业发展的重要环节。同时，农民不仅是农业的主力军，更是工业和第三产业的主力军，加大对农民的职业教育，是整个社会职业教育的重要一环。

2.文化

文化作为公共服务的内容主要包括两个方面：一是文化设施，二是精神文化生活。文化设施包括体育健身场馆、图书馆、博物馆、电影院和戏院等；精神文化生活包括电影、电视、广播、文体及其他娱乐活动，如打球、下棋和上网等。各级政府要组织农民开展文体娱乐活动，让健康向上的文娱活动占领农村阵地，同时要大力打击封建迷信活动。

3.医疗卫生

作为农村公共服务内容的医疗卫生部门，目前有大量的工作要做。首先，要进一步健全和完善新型农村合作医疗，如增加政府的投入，提高新型农村合作医疗的服务质量和服务水平，增加农民对新型农村合作医疗的认同感等。其次，要加强农村医疗卫生设施建设和队伍建设，积极探索适合广袤农村的医药体制和医院、医疗点的布局与建设，彻底解决农民看病难的问题。

4.社会保障

一是养老保险。要抓紧建立与完善农民最低生活保障和农民养老保险制度，让农民按照法定年龄也享受退休工资。其退休工资标准可以根据实际情况逐步提高。二是农村村支两委干部的社保要加大力度，以保证农村基层组织的稳定。三是农村困难户的社会救助和保障问题。建立健全工作机制，确保农村困难群体的基本卫生保障并平等享受社会成果。四是重大灾难的社会保障问题。农村自然灾害以及涉及部分人的突发性灾难时常发生，如何让受灾群众感受到社会大家庭的温暖，是农村社会保障的重要工作。

（四）经济发展型的农村公共服务内容

经济发展型的农村公共服务，主要包括以下几个方面的内容。

1.农田水利工程

水利是农业的命脉，必须把它作为农村公共服务的重点内容，加大工作力度，力争取得突破性进展。

2.现代农业基础工程

农路、农地和农场建设是现代农业建设的三个最基础的工程。应围绕加快农村经济结构的优化升级，拓展农民就业增收的空间和领域，把强素质、长才干的实践创新与农民发家致富的迫切要求紧密结合起来。

3.农业科学技术的研究与推广

农业技术的进步是现代农业发展的基础，这就离不开农业技术的研究和推广两项工作。研究和推广相辅相成，两者不可偏废。目前，农技推广体系在许多地方已经被破坏，有的甚至丧失了功能，究其原因，是部分地区推广人员把农业技术推广视为非公共服务产品。

4.农产品市场信息及市场体系建设

农产品的供销虽然不属于政府公共服务的范畴，但是应该说农产品市场信息属于准公共服务产品，各级政府应该建立专门的机构，配备专业人员为农民免费提供准确的市场信息，要加强对农业生产的宏观指导，减少农业生产的盲目性，增强生产与销售的衔接，减少农民在这方面的损失。同时，要加强市场体系建设，建立健全农产品现代物流体系，打通农产品销售渠道。

第二章　乡村振兴背景下乡镇公共服务能力指标体系的构建

第一节　乡村振兴背景下乡镇公共服务能力指标体系的构建依据

乡镇公共服务能力的结构是构建乡镇公共服务能力指标体系的基本依据。所谓乡镇公共服务能力的结构，是指构成乡镇公共服务能力的具体内容和形式，是乡镇公共服务能力的具体表现形态。乡村振兴背景下，本节根据乡镇公共服务能力的表现形态，将乡镇公共服务能力的结构分为内部结构和外显结构两种结构。

一、乡镇公共服务能力的内部结构

从能力的角度出发，政府能力必然表现为动员、利用、组合、发掘、配置各种资源的能力。政府资源构成了政府能力的潜在基础。政府资源是指政府拥有并且在各种行为活动中所凭借的各种资源，是政府能力静态、潜在的表现形式。政府能力还体现在政府获取、运用、配置、整合各种资源要素的形式。脱离各种资源支撑，政府能力将沦为无源之水、无本之木。由人力、权力、财力、信息、文化、管理等基本要素所组成的资源系统构成了政府能力得以形成和存在的基础。就一般意义而言，乡镇公共服务能力的内部结构是指乡镇公共服务能力本身所凭借的权力资源、财力资源、人力资源、信息资源等各种资源的总和。

（一）权力资源

公共权力是政府区别于其他社会组织的本质特征。政府权力，即政府通过强制、惩罚、奖励、规制、命令等手段实现其目的和意志的能力。权力具有强制性和命令性，是政府最基础的资源，是政府从事一切行为活动、作用于其他客体和对象的基本凭借。权力的大小决定了政府对社会价值权威性分配的有效性。一般而言，政府享有的权力与其能力之间呈现正相关关系。政府享有的权力越大，其能支配的各种资源就越多，政府作用于权力客体和对象的能力就越大。反之，政府在决策、强制、惩罚、奖励、监督等领域的权限过小，势必会将政府的行为活动限定在特定的范围内。权力资源构成了政府从事各种公共服务活动的前提，乡镇公共服务能力必然以乡镇享有一定的权力为基础。

从权力的来源来看，乡镇的权力一方面源于辖区内基层人民群众以及乡镇人民代表大会的授权，另一方面作为《中华人民共和国宪法》和各项法律赋予乡镇的规定性权力，源于政权系统自上而下的层层授权。在我国当前的行政管理体制下，政权系统内自上而下的授权对乡镇的权力资源配给发挥着决定性作用。从权力资源的构成来看，乡镇的权力资源包括决策权、执行权、财政权、人事权、监督权等一系列具体的权力。其中，决策权在权力资源体系中居于核心地位，从根本上决定了其他各类权力资源的行使范围。

（二）财力资源

财力资源是指政府在从事各种活动中所占有、管理和支配的财富基础，是一级政府在一定时期内所能掌握和使用的，在一定形式和程度上能够转化为资金形态的所有有形和无形政府资源的总称。财力资源构成政府维持自身存续并开展各项行为活动，实现各项政府职能的经济和物质基础。作为政府最核心、最关键的资源，财力资源的多寡直接决定了政府自身的行动范围。从各乡镇的实践情况来看，财政资源较为丰富的乡镇在政府能力（包括公共服务能力）方面的表现较为突出，而财政资源贫乏也往往导致乡镇在公共服务供给中捉襟见肘。在政府行政系统中，财力资源往往以财政权力的形式表现出来。根据财力资源性质的不同，可将政府财力资源划分为财政类资源、国有资产类资源和政策类资源三种类型。

财政类资源是政府以社会公共事务管理者的身份，依据政治权力所筹集的财政性资金，包括财政预算资金、预算外资金以及包括国债在内的各类债务性资金等；国有资产类资源，是政府以国有资产所有者身份，依据财产权力参与资金收益分配而掌握和控制的财力资源，主要包括经营性资产、非经营性资产以及政府可利用的资源性资产等；政策类资源，是政府以游戏规则制定者和执行者的身份，依据决策权力所掌握的无形资源，主要包括制度法规建设、财经政策制定和观念意识创新等。其中，财政类资源是政府财力体系最为核心的部分，决定了政府财力资源的总体状况。

就乡镇财力资源的来源而言，一方面，政府的财力资源主要来自政府的税费收入，而政府税费收入又与辖区内的经济发展水平以及政府之间的税权划分密切相关。由于稳定的税源建立在经济发展繁荣的基础之上，经济发展形势的好坏决定了税收的总体水平。一个地区的经济发展水平以及经济综合实力构成了当地政府财力资源的潜在基础。另一方面，政府的财力资源还源于政府行政系统内自上而下的财政转移支付。现阶段，我国乡镇的财力资源主要源于上级政府的财政转移支付。各级政府的财政转移支付决定了多数乡镇所能够享有的财力资源水平。

（三）人力资源

人是政府能力的前提性要素。政府治理能力的现代化同样也是人的现代化。在公共服务供给过程中，所有与公共服务相关的决策、规划、目标、任务最终都要通过具体的人的落实才能够得以实现。随着社会风险和不确定性的迅速增长，以及社会事务的日益复杂化和社会成员需求的多元化，人力资源在公共服务供给中的地位日益突出。政府的人力资源是政府自身所具备和可资利用的所有劳动能力的总和。乡镇的人力资源，具体而言，指由乡镇的干部队伍、普通工作人员、私营企业、社会组织以及作为个体的服务者等各种服务主体构成的资源。

乡镇公共服务能力的实现需要充分发挥人的主观能动性。就内容而言，乡镇公共服务能力的人力资源主要包括两个层面的内容：一是指政府公务人员的数量和结构，主要包括乡镇公务人员的人数总量，以及不同行政职务、不同政府部门的人员结构配置等；二是指政府公务人员的体质、智力、知识、技能、价值观、团队精神等一系列素质的总和，如乡镇领导干部的民主法治观念、道德水准及其领导、管理、组织、协调、沟通能力，政府普通职员的服务意识、精神状态、业务素质、专业化水平等。其综合反映了乡镇的人力资源总量及质量的总体状况。合理、均衡的人员配备及结构为乡镇提供了充足的人力资源，是乡镇顺利开展各项服务工作的重要支撑。此外，乡镇在政府系统之外所能支配的人力资本也是政府人力资源的重要方面，这些人力资源以存量的形式储存于市场和社会中，制约着政府公共服务供给的总体水平。

（四）信息资源

信息资源是指由政府活动产生或由政府管理的各种信息和数据、信息流通系统、信息生产者或管理者，以及信息加工、处理和传递技术的总和。信息资源在政府行政活动中具有重要的作用。政府职能的实现有赖于两种资源的流动，一种是人力、物力、财力等物质资源流动，一种是随之产生的大量的数据、资料、指标、图纸、报表等信息资源的流动。由于信息流调节着物质流的数量、质量、方向和速度，因此信息流的畅通、准确是保证人流、物流、财流合乎目的和规律运动的前提。随着信息技术的发展，信息化工具已成为政府在日常行政工作和活动中进行信息交流的主要手段，而信息资源也逐渐成为政府活动中的重要战略性资源。

广义理解的政府信息资源一般由四个部分构成。一是政府在从事行政活动过程中产生、收集、整理、传输、发布、使用、储存和清理的所有信息和数据的总和，主要包括政府机构信息、政务信息、政策法规信息、为社会各界服务的信息、反馈信息、交流信息等，如政府部门设置、政府职责，政府文件、公报，动态新闻、科技和教育与人才信息、招商引资信息、市场供求信息，市政论坛、市民意见和建议，各种统计数据和分析报告（人口数据、国民经济运行数据、行政区域数据、教育文化体育卫生数据）等。二是指一切与政府信息的生产、收集、整理、传输、发布、使用和储存相关的载体、平台、渠道和途径的总和，包括储存信息数据的数据库，信息基础设施和信息网络，信息收集、发布和传递的网络媒介，如政府门户网站、微信微博、网络论坛等。三是指一切与政府信息的生产、收集、整理、传输、发布、使用、储存和清理有关的信息生产者和管理者（或政府组织机构）的总和。四是指一切与加工、处理和传递政府信息数据相关的信息技术的总和，如大数据、云计算、人工智能、物联网、移动通信等。

除上述资源之外，与政府能力相关的资源还有权威资源、文化资源等。在公共服务供给中，政府只有具备了与其承担的公共服务职责相匹配的权力资源、财力资源、人力资源、信息资源，才能保证各项公共服务决策的落实。

此外，乡镇的各种资源虽然构成了乡镇公共服务能力的潜在基础，但这并不意味着享有这些资源的乡镇就必然具备与之相应的为基层提供各种公共服务的能力。

二、乡镇公共服务能力的外显结构

将政府的各种资源运用于乡镇的公共服务供给，仍需要各种制度机制以及主客观因素的引导和约束。乡镇公共服务能力的外显结构如图 2-1 所示。

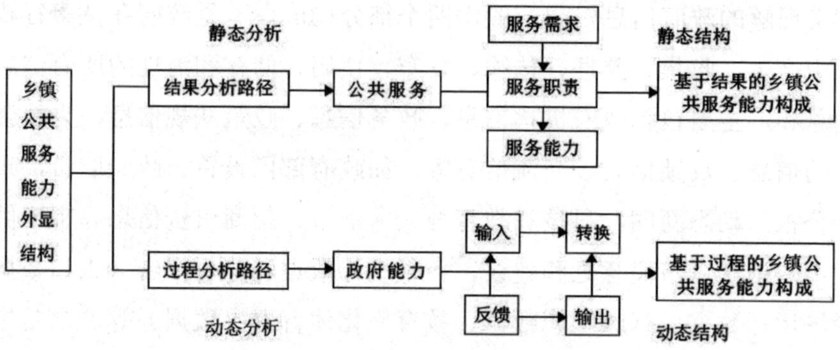

图 2-1　乡镇公共服务能力的外显结构

（一）基于供给结果的乡镇公共服务能力构成

乡镇公共服务的供给结果是由其承担的公共服务职责决定的，而政府承担的公共服务职责则由公共服务需求决定。基于此，从公共服务供给结果的角度分析乡镇公共服务能力构成，要明确乡镇应当承担哪些具体的公共服务职责。

根据公共供求关系理论，公共供求关系是公共行政的基本规律，是影响行政发展和变化的决定性因素——公共服务需求是公共服务存在的原因，决定了政府公共服务的具体职责、活动范围与活动方式，公共服务供给不断满足公共服务需求是公共行政的基本要求。乡镇提供怎样的公共服务以服务于其赖以存在的农村基层社会，满足基层人民群众各种公共需求为尺度。换言之，社会公众对公共服务的现实诉求，从根本上决定了乡镇应承担怎样的公共服务职责，表现为怎样的服务结果，具备怎样的公共服务能力。

在新时代背景下，乡村振兴战略的顺利实施必然要通过公共服务供给的方式来实现。而乡镇作为公共服务供给的主导者、提供者、实践者，同样需要具备与之相对应的服务职责和功能，才能保证各项农村公共服务政策的贯彻落实。根据乡村振兴战略背景下农村公共服务建设的目标要求，乡镇的公共服务的内容可以概括为医疗卫生、社会保障、文化教育、生态环境、基础设施建设、公共安全六大方面。

乡镇公共服务能力是乡镇在履行各类公共服务职能过程中所彰显的能力，是衡量乡镇公共服务供给有效性以及服务型乡镇建设程度的重要尺度。换言之，乡镇承担什么样的公共服务职责，必然潜在或外在地表现为什么样的公共服务能力。基于此，乡镇公共服务体系涵盖医疗卫生、社会保障、文化教育、生态环境、基础设施建设、公共安全等领域，构成了乡镇的医疗卫生、社会保障、文化教育、生态环境、基础设施建设、公共安全等政府服务职能，相应地表现为乡镇的医疗卫生服务能力、社会保障服务能力、文化教育服务能力、生态环境服务能力、基础设施服务能力和公共安全服务能力等，如图 2-2 所示。

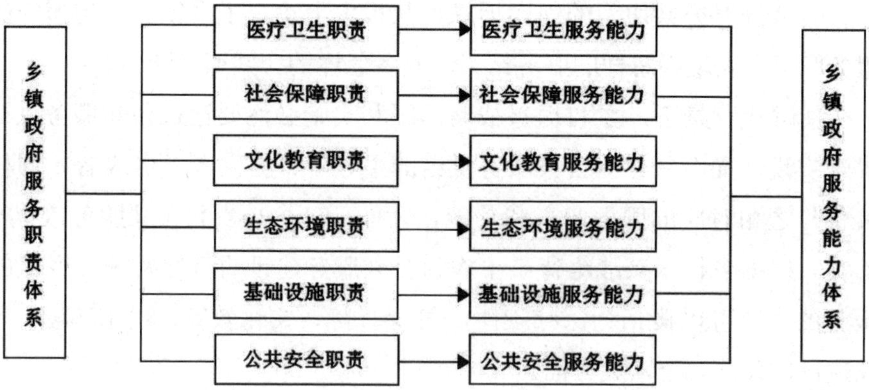

图 2-2　基于结果的乡镇服务职责体系

1.医疗卫生服务能力

乡镇的医疗卫生服务能力是指乡镇依托乡镇卫生院、社区卫生服务中心、卫生服务站等医疗机构，为人民群众提供基本医疗卫生服务的能力。

具体而言，乡镇的医疗卫生服务能力表现在：合理配置医疗卫生服务资源，不断增加基层医疗卫生服务供给总量，提高基层医疗卫生服务水平，根据辖区内经济发展水平、人口数量、医疗卫生需求状况，配置医师、护士、病床等公共医疗卫生资源，改善乡镇医疗卫生环境，在偏远地区根据现实需要逐渐普及乡镇卫生院、社区卫生服务中心、社区卫生服务站，改善医疗器械和医用设备等农村医疗卫生服务硬件设施；做好辖区内的公共卫生管理工作，加强医药监管，确保用药安全；定期对社区卫生服务站等基层医疗卫生服务机构的医护人员开展技术指导和培训，提高医护人员的医疗技术水平；为老年人、慢性病和严重精神障碍患者、孕产妇、儿童、残疾人等特殊人群提供相应的免费医疗卫生服务，建立和完善农村基层医疗卫生制度，逐步实现村级医疗卫生服务全覆盖。

2.社会保障服务能力

乡镇的社会保障服务能力是指乡镇在社会保险、社会救助、社会优抚和社会福利等方面为民众提供服务的能力，包括失业救济、灾害救济、病残救助、养老救济等。

具体而言，乡镇的社会保障服务能力主要体现在：做好基本养老保险、基本医疗保险、工伤保险、失业保险和生育保险等社会保险服务；落实社会救助、社会福利制度和优抚安置政策，完善农村社会救助体系，贯彻落实农村最低生活保障制度，为保障对象提供基本养老服务、残疾人基本公共服务；健全农村公共就业服务体系，定期开展职业技能培训，促进农民工多渠道转移就业；健全农村留守儿童和妇女、老年人以及困境儿童关爱服务体系；加强和改善农村残疾人服务；维护农民工、困境儿童等特殊人群和困难群体权益等基本社会服务。

乡镇在社会服务领域提供的服务是民众最关心、最直接、最突出、最迫切的部分，乡镇的社会服务能力是整个乡镇公共服务能力体系的核心。

3.文化教育服务能力

乡镇的文化教育服务能力是指乡镇加强农村社会精神文明建设，为农民群体提供丰富精神文化产品和服务的能力，包括对本区域农民群众的思想道德建设，以及在教育、科技、体育、新闻出版、广播影视、文学艺术等方面的公共服务能力。

在文化领域，乡镇公共服务能力主要体现在以下方面：践行社会主义核心价值观，继承和弘扬中华优秀传统文化，加强对古村落、古树名木和历史文化村镇的保护，健全公共文化设施网络，开展全民阅读、数字广播电视户户通等活动，促进文化信息资源共享，组织群众文体活动等。

在教育领域，乡镇公共服务能力包括以下方面：提高义务教育质量和水平，改善乡村教学环境，保障校园和师生安全，做好控辍保学和家庭经济困难学生教育帮扶等基本公共教育服务；推动以新型职业农民为主体的农村实用人才队伍建设，加强社区教育、职业技能培训、就业指导、创业扶持等劳动就业服务；等等。

4.生态环境服务能力

乡镇的生态环境服务能力是指乡镇治理环境污染、保护生态环境，推进生态文明建设的能力，主要包括制定与环境保护和环境修复相关的政策或方案的能力；对居民日常生活垃圾处理、工业废水废气废渣处理等人居环境的治理能力，建设美丽田园乡村的能力；有效防止或妥善处理邻避型环境群体性事件的能力；等等。

具体而言，乡镇的生态环境服务能力主要体现在以下方面：建立和完善农村垃圾收集和集中处理的基础设施，保持乡镇道路的干净整洁，整治农村脏乱差现象，持续推进农村“厕所革命”，改善农村卫生状况；对空气、河流、自然植被、野生动植物等自然环境的保护，如提高农民环境保护意识，依法整治企业乱排乱放行为，打击偷猎行为；防止过度开垦、过度放牧，逐步减少化肥、剧毒农药的使用，发展绿色循环经济、生态农业，促进乡镇经济可持续发展，提高农村社区绿化面积等。

5.基础设施服务能力

乡镇的基础设施服务能力，是指乡镇在促进当地社会经济发展，提高基层人民群众收入水平和物质文化生活水平的过程中，为人民群众提供各类生产生活基础设施的能力。

具体体现在农村公路、供水、供气、环保、电网、物流、信息、广播电视等基础设施建设领域，如农田水利建设，完善农村机井灌溉和农业供水、引水、调水、排水系统，为农业生产提供农机服务和技术服务，提高农业农村防灾、减灾、救灾能力，保障农业增产、农户增收；以现代生产方式促进农业生产规模化、产业化，提高农业生产效率和机械化水平；改善农村公共交通设施，贯彻落实通村组硬化路建设，提高农村路灯、公交系统质量；实施农村饮水安全巩固提升工程，完善农村生活供水和排水设施，保障农村饮用水安全；推动农村电网改造升级，推进农村地区宽带网络和移动通信网络覆盖；等等。

6.公共安全服务能力

乡镇的公共安全服务是指乡镇在农村政治稳定、社会秩序、农业生产、市场秩序、自然灾害防治等领域所应承担的公共安全职能，包括农村的政治安全服务、社会安全服务、经济安全服务等。

具体而言，乡镇的公共安全服务能力主要体现在以下方面。

第一，政治安全领域，依照法律法规扫除农村村匪、恶霸等黑恶势力，防止宗族势力、宗教势力、传销势力、境外敌对势力等对农村基层政权和底层社会的渗透，维护本地区的社会治安和政治稳定；加强农村基层民主建设，进一步落实和完善基层群众自治制度，监督指导村民选举的顺利实施，维护农民的选举权和被选举权等合法政治权利。

第二，社会安全领域，化解因土地征用、干群关系等引起的各种社会矛盾冲突，有效防止或妥善处理群体性事件，促进社会关系和谐稳定；此外，乡镇在社会领域的公共安全服务能力还表现在消防安全、饮水安全、食品安全等方面。

第三，经济安全领域，包括加强市场监管，规范市场运作，打击经济违法犯罪以及其他扰乱市场秩序的活动和行为，保障生产安全；保障农民就业，保护农民基本经济权益。

第四，自然灾害防治领域，包括预防因旱涝、土地荒漠化、水土流失、外来动植物入侵、病虫鼠患、滑坡、泥石流等自然因素造成的农业生产灾害，以提高农业生产抵御风险的能力，等等。

（二）基于供给过程的乡镇公共服务能力构成

基于基层社会公共服务需求，从乡镇公共服务能力的角度进行分析，能直观地展现乡镇在农村公共服务供给中的具体表现，但不能反映乡镇政府在提供上述公共服务过程中不可或缺的深层次能力要素。除了基于基层社会公共服务需求的乡镇公共服务能力之外，还可从公共服务供给过程的角度进行分析，剖析乡镇公共服务能力，从另一个维度展现乡镇公共服务能力体系的具体构成。

从公共服务供给过程的角度来看，政治系统理论将政治生活看作一个行为系统，其中，输入、输出和反馈过程构成了政治系统与环境的相互作用。换言之，作为外部环境的社会需要通过各种形式输入政治系统，形成对政治系统的压力和支持力，政治系统必须通过输出进行自我调节，以适应环境，维持自身与环境的动态平衡。而社会需求则以反馈的形式再次进入政治系统，从而形成以反馈为回路的系统循环。

政治系统的运作流程包括“输入—转换—输出—反馈”四个环节。从政治系统理论的角度分析，乡镇服务供给是一个动态的公共政策过程，乡镇公共服务能力在服务供给的过程中也必然包括输入、转换、输出、反馈四个方面。基于此，服务过程维度的乡镇公共服务能力结构可以分为乡镇政府的民意聚合与甄别能力，资源获取与配置能力，公共决策和执行能力，监督问责与评估能力，民意诉求回应能力五个方面。

1.民意聚合与甄别能力

在乡镇公共服务过程的“输入”环节，“输入”由需要和支持两种要素构成，相应地构成了乡镇的民意聚合与甄别能力以及资源获取与配置能力。从需求的角度来看，乡镇服务供给的首要工作是服务立项，即确定政府应当为民众提供哪些公共服务。在这一环节，乡镇公共服务能力表现为对民众诉求信息的搜集和聚合能力。公共决策源于公共议题的发现和诊断。充分了解民情、乡情，把握影响本地区发展的关键问题和症结所在，是作出公共服务供给决策的前提。

民众诉求的搜集和聚合能力包括：通过下派驻村干部、入村走访、发放调查问卷、开设人民代表大会代表工作日、村镇干部联席会议、村民议事会、接待上访群众等方式，搜集民众最直接、最关心、最迫切、最突出的问题，了解农村农民的现实诉求，及时、准确、全面地把握人民群众的服务需求取向。

在公共议题的确定环节，乡镇公共服务能力还表现在对民众多元化诉求进行过滤、甄别、分类、提炼、判断的能力。例如，对公共问题产生的缘由、具体性质、难易程度、发展趋势以及可能产生的后果进行分析，明确哪些议题属于乡镇职权范围内的事务，哪些在乡镇的职责职权范围之外。此外，还包括结合本地民情、乡情，对上级下达的各项政策进行消化吸收再创新，形成具体的符合本地区服务供给的目标等。

2.资源获取与配置能力

从支持的角度出发，乡镇的公共服务能力表现为乡镇对有形或无形资源的汲取、整合、配置能力。政府的一切行为活动都离不开相应的人力、物力、财力等各类公共资源的支持。乡镇的经济资源、政治资源、人力资源、制度资源、文化资源、社会资源等构成了乡镇的潜在能力，是乡镇从事各项公共服务供给活动的前提和保障。同时，乡镇只有将上述公共资源合理利用、配置到与公共服务供给相关的行为活动中而不是与公共服务无关的领域，才能增加公共服务的供给总量。

具体而言，乡镇的资源获取与配置能力包括：向上级政府申请公共服务项目的能力，如公共水利水电设施、乡村道路、学校、村卫生室、乡村图书馆和娱乐设施等基础设施项目的申请能力；通过民意表达、投票选举、民主协商等途径取得民众政治信任的能力；通过引入民间资本、政策支持等手段聚合人力、物力、财力资源的能力；依托本地发展现状、区位条件、资源禀赋发掘潜在自然资源或人文资源的能力；在公共资源有限甚至稀缺的背景下决定如何对既有的各种公共资源进行分配，以实现公共资源利用最大化的能力等。

由于公共资源对乡镇行为活动具有关键作用，乡镇的资源获取与配置能力构成了乡镇公共服务供给过程中的核心能力。

3.公共决策与执行能力

就乡镇的转换而言，所谓“转换”，是指乡镇对输入政府系统的民意诉求进行加工、处理并作出决策的过程。政府作出公共服务决策构成了公共服务供给过程在“转换”阶段的重要内容。在公共议题的决策环节，乡镇公共服务能力表现为在科学分析和理性判断基础上作出决策，制订具体实施方案的能力，包括各种决策方案的提出以及不同方案之间的讨论和比较，明确各项政策方案的具体实施方式以及在执行过程中可能产生的问题，明确政策实施过程中需要的人力、物力、财力支持；通过专家论证、社会公众参与、民主听证、投票等形式赋予公共决策合法性；等等。乡镇公共服务的行政决策能力直接影响公共资源的调配，间接决定着公共服务供给的质量和数量。

“输出”主要是指政府将公共服务决议付诸实施的过程。在乡镇服务供给的“输出”环节，乡镇公共服务能力主要表现为政府在服务供给过程中的执行能力，即贯彻落实公共服务战略、规划、指令等各项公共服务决策，将其转化成为现实政策结果的能力。具体而言，乡镇的服务执行能力包括：乡镇政府在各项服务政策具体实施过程中的组织、动员、指挥、沟通、协调能力，即在服务供给过程中乡镇组织和协调不同部门之间的关系，指挥政府工作人员积极行动的能力；开放政策实施过程，推进基层政务公开，动员社会组织或个人积极参与的能力。

此外，乡镇的执行能力还包括：合理选择政策执行工具，引入市场竞争机制，推进政府向社会组织、企事业单位购买公共服务，提高公共服务质量，促进服务供给方式多元化；构建和完善政务服务体系，明确行政审批和行政许可权限，规范乡镇的行政审批和行政许可流程，提升政府行政服务能力；等等。提高乡镇公共服务政策的执行能力，有利于节约公共服务决策的执行成本，保证公共服务的供给效率。

4.监督问责与评估能力

“反馈”是指当公共决策作为政策结果输出之后，环境再次作用于政治系统的过程。在“反馈”环节，乡镇公共服务能力主要表现在对服务结果的监督问责和绩效评估方面。

监督问责能力表现在：对整个执行过程的有效监管和控制，规范专项经费的使用，保证各项服务供给政策落实到位；提高政府依法行政能力，严厉打击政府人员利用服务项目进行权力寻租，防止政府服务项目在执行过程中出现严重扭曲和偏差。

政府服务供给的绩效评估能力，包括设计科学合理的服务绩效评估标准，对政策结果的效率、效益进行检测；引入第三方测评机构，建立内部评估与外部评估相结合，以外部评估为主的评估机制；通过随机抽查、入户走访等方式开展群众满意度测评，保证测评结果的客观性、真实性；建立畅通、有效的信息反馈渠道，搜集各方群众的意见和建议；建立服务项目的跟踪反馈机制，对各项服务落实结果进行持续跟踪，针对各种由不可控原因造成的结果偏差及时采取补救措施；对服务项目的实施情况进行总结和备案，为此后相关服务项目的立项提供决策依据。

此外，还包括对乡镇领导干部和普通职员的专业素质进行绩效考核，依法对失职人员进行问责、追责；对乡镇的总体服务能力进行评估，诊断乡镇服务供给的短板，提出针对性整改措施；等等。

“反馈”是政治过程的最后环节，同时它又以“输入”的形式进入政治系统，构成了一个完整的政治系统循环。

5.民意诉求回应能力

除了上述公共服务供给的一般过程之外，在当前民意诉求多元化、复杂化的当下，公共服务供给过程往往是：基层民众直接向乡镇提出具体的利益诉求，乡镇相应地作出回应，解决人民群众具体困难。

政府回应，即政府反应性，指政府对社会或公众提出的问题或利益诉求积极、主动地作出回复和反应，解释或解决社会或公众关心的现实问题的行为。政府回应在基层政治生活中具有极为重要的作用。

政府及时回应社会公众日益增长的利益诉求，是现代民主政治的重要特征。从“动员型”政治向“回应型”政治转变，是推进国家治理体系和治理能力现代化的内在要求。政府回应是社会诉求与政府治理的互动过程，在互联网时代，信息技术飞速发展，不仅彻底变革了信息传播方式，而且对政府的回应能力提出了新的挑战，政府及时、准确、合理地对民意诉求作出回应，在当前利益格局日益多元化、复杂化的时代背景下显得尤为重要。

因此，在公共服务供给过程的视域下，乡镇公共服务能力还外在地表现为乡镇政府对民众诉求的回应能力，具体表现为积极接待来访群众，及时解决群众现实问题和利益诉求的能力；积极、主动地对自身活动引起的舆论争议作出合理解释的能力；在第一时间对各种群体性事件作出反应，给予相关群体满意答复的能力；等等。

第二节　乡村振兴背景下乡镇公共服务能力指标体系的构建要素

乡镇公共服务能力潜在的内部结构要素只有在特定要素条件的作用下才能形成具体、外显的乡镇公共服务能力。乡村振兴背景下，考察乡镇公共服务内部结构、外显结构及其相互作用关系的同时，有必要对乡镇公共服务能力形成的要素条件及其作用方式进行系统考察。

从能力的角度来看，能力的承载主体包括个体和组织两种形式。从政府能力形成的基础和前提条件来看，政府能力作为政府在从事各种活动中所具备的能量、功能和力量，是由人力、权力、财力、权威、信息、文化、管理等基本要素相互联系构成的一个系统。换言之，政府能力的形成是其自身的结构、制度、人员、文化、信息等各方面要素有机结合、共同作用的结果。

就乡镇本身而言，乡镇公共服务能力得以形成的要素和条件主要包括体制性要素、制度性要素、主体性要素、策略性要素四个方面，如图2-3所示。

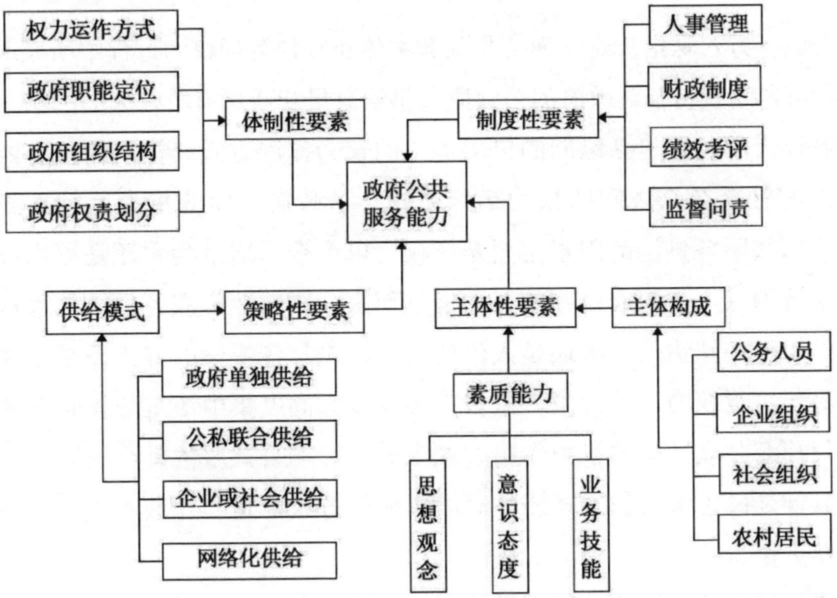

图2-3　乡镇公共服务能力形成的要素

一、体制性要素

体制性要素主要是指宏观的、乡镇所赖以存在的运行体制，包括乡镇政府职能的基本定位，上下级政府之间的权力和职责划分、事权与财权划分，政府自上而下的权力运行方式，经济发展状况等。

体制性要素对乡镇公共服务能力具有根本性、结构性、决定性的影响，为乡镇公共服务能力建设奠定了基调。制度性要素、主体性要素、策略性要素都要在体制性要素的影响下发挥作用。

具体而言，乡镇公共服务能力的体制性要素主要包括以下几个方面。

（一）权力运行方式

权力运行方式是指政府作为公共服务主体在行使各项权力过程中所表现出的总体特征，这些特征对政府的公共服务供给总量和质量有着极大的影响。

政府权力的运行包括纵向的自上而下的权力作用方式和横向的政府内部以及政府与社会公众之间的权力运行方式。从政府之间的权力运行方式来看，影响公共服务供给的因素主要是指权力以命令、服从为主还是以指导、引导、支持为主；就政府内部的权力运行而言，影响政府服务供给的因素包括权力的运行是法治的方式还是人治的方式，是集体决策的方式还是个别权力主体垄断决策权力，是决策、监督等各项权力高度集中还是分权制衡等；就政府与社会公众之间的权力作用方式来看，影响公共服务供给的因素包括权力的运行是民主参与的方式还是高度集权的方式，是公开透明的方式还是封闭的方式等。

在统治型或管制型政府行政模式下，政府权力倾向于通过刚性的、集权的、人治的、封闭的、命令性的方式来实现。权力高度集中于少数或个别决策者手中，按照决策者个人的意志和偏好运行。权力之间的博弈通过权力系统内部封闭的、不公开的方式进行，将其他主体部分地或完全地排斥在权力运行之外。在这种权力运行模式下，基层政府提供公共服务的动机源于上级政府的强制性压力，基层政府干部迫于职务晋升、奖惩的压力而被动地为社会公众提供各种公共产品和服务。

自上而下的单向度的权力运行方式往往造成公共服务决策的严重失误，并脱离社会公众的现实需要。反之，在一个开放、制度化的政府行政模式下，政府权力的运行方式更富有弹性。社会公众通过各种途径参与政府的公共服务决策，有助于在政府内部形成自下而上的压力，使公共服务决策体现社会公众的实际需要和现实诉求。根据权力运行方式的不同，政府的公共服务供给模式可分为供给导向的公共服务供给和需求导向的公共服务供给两种形式。从供给导向型公共服务供给模式向需求导向型公共服务供给模式转变是提高公共服务能力的重要途径。

（二）政府职能定位

政府职能定位从根本上决定了政府的行政目标，是影响公共服务能力的先决条件。政府有什么样的职能定位是由政府的行政模式决定的。张康之教授将政府行政模式分为三种类型：盛行于前资本主义社会的统治行政模式，以韦伯（M. Weber）设计的官僚制为特征的管理行政模式，随着公共管理和公共服务理论的兴起而逐步形成的服务行政模式。三种模式分别对应了三种不同的政府职能定位。

从政府行政模式的演进规律来看，人类社会经历了从统治行政向管理行政，进而再从管理行政向服务行政转变的过程。其主要服务于在经济上占统治地位的阶级。统治型政府是以统治为主要职能的政府，政府的行为活动以维护和实现统治阶级的利益为目的。政府为社会提供公共服务仍以维持统治阶级的统治地位为主要目标。

近代以来，随着民主政治制度的确立以及资本主义大工业生产的兴起，政府行政的目标和职能也随之发生转变。资本主义实质上是一种按照理性方法组织生产的尝试，这种理性的生产方法不仅改变了整个经济过程，还改变了社会本身。劳动机械化、程序化和专业化的迅速发展，进一步从技术上增加了资本主义生产的理性特征，使反复无常的个人行为和个人差异服从于生产过程的秩序的要求。以科层制为主要特征的管理主义行政成为政府行政的主要模式，并将管理作为政府行政的核心任务。较之统治型政府行政模式，管理型政府是人类社会的巨大进步，但政府对社会的过度干预造成严重的政府治理危机。随着后工业社会的来临以及新公共管理运动的兴起，服务型政府和服务行政等观念日益被人们所接受，各国政府纷纷按照公共服务的目标重塑政府的组织结构、制度机制，公共服务逐渐成为现代政府行政的核心目标。

改革开放之后，我国政府的组织模式、机构设置和制度机制也随着政府职能的转变进行了相应的调整。随着政府行政体制改革的持续推进，鉴于管理型政府对国民经济社会等各项事业发展造成的诸多不便，我国逐步抛弃了计划经济时期政府包揽一切社会事务的职能模式，转而向以公共服务供给为核心职能的服务型政府模式转变。

（三）政府组织结构

政府具备怎样的组织结构和模式，对乡镇的服务供给以及能力建设同样具有显著的影响。科学合理的政府组织结构有助于整合行政资源，明确政府各职能部门之间的职责权限，规范政府行为，推动政府职能的转变，提高政府的公共服务效率。美国学者巴泽雷（M. Barzelay）区分了官僚制组织模式与服务组织模式两种不同政府组织机构在公共服务能力方面的不同，如表 2-1 所示。

表 2-1　官僚制组织模式与服务组织模式的比较

分歧	官僚制组织模式	服务组织模式
关心事项	关心自己要什么、自己怎么看	关心用户的要求和看法
注重事项	注重各个部分的角色和责任	注重组织的整体工作
对待成本	只会控制费用	创造的价值要大于投入的成本
办事态度	按照惯例办事	根据服务需求的变化改变自己的工作
竞争目的	为权力而竞争	为工作而竞争
办事程序	坚持依照标准程序办事	做每件事都有目的，且给别人留有余地
信息沟通	公布政策与计划	制定和修改工作时与客户进行双向交流
应对服务	把理论与实际分开	授权前台服务人员对如何改进客户服务作出判断

官僚制的政府组织模式以政府为核心来构建自身的组织结构，而以用户为驱动力的服务组织模式则更加关注服务对象的需求和看法，因而在公共服务供给领域势必会比官僚组织结构更具优势。

中国学者曾维和从公共服务供给和需求的角度，将公共服务的组织结构分为两种类型：一种是基于组织取向设计的静态的公共服务组织结构，即供给型组织结构；另一种是以公共服务需求为导向的组织结构，即需求型公共服务组织结构。供给型组织结构与需求型组织结构在结构设计取向、组织性质、存在形态等多个方面存在较大的差异，具体如表 2-2 所示。

表 2-2　供给型组织结构与需求型组织结构比较

区别	供给型组织结构	需求型组织结构
结构设计取向	以内部结构要素为主	内部结构要素与外部影响因素相结合
组织性质	功能性组织	整合性组织
存在形态	静态组织	动态组织
决定因素	组织职能、行为的内部要素	组织任务、外部的公共服务需求
管理重点	事件、整体	过程、互动
横向联系方式	通过等级命令、指示等	平等的协商、谈判等方式
责任边界	明确、清晰	模糊、共享
组织模型	被动式简单化模型	主动式复杂适应系统

与需求型公共服务组织结构相比，供给型公共服务组织结构最大的缺陷是其不能满足复杂性公共服务的变化需要。

（四）政府权责划分

政府间的权力和服务职责划分与配置决定了各级政府享有的权力的大小以及各自应当承担的具体服务职责。政府享有的权力越大，其所能支配的各种资源越多，在公共服务供给方面的潜在优势就越明显。反之，政府的权力越小，其所能支配的人力、财力、物力越少，在公共服务供给方面的能力势必会受到限制。

政府是一个复杂多元的体系，包括政府的财政权、人事权、决策权、执行权、监督权等多种具体的权力形式。基于此，政府权力和责任的划分具体表现在政府决策权、执行权、人事权、财政权等多个领域，并相应地形成多种政府分权模式。

在政府权责关系的划分中，事权和财权的划分是政府间权力划分的关键。在公共服务供给领域，政府权力分配应遵循权力和责任相统一、事权和财权相匹配的原则，即政府承担多大的公共服务供给职责和财政支出责任，就应当享有与之相匹配的行政决策权和财政支配权。权力小、责任大，权力大、责任小，事权与财权不匹配等，均有可能造成公共服务供给不足。

根据权责对等原则，政府权责的分配与国家的结构形式（单一制或联邦制、集权模式或分权模式），提供公共产品或服务的性质（全国性或地方性公共服务）等因素密切相关。从世界各国的发展经验来看，中央人民政府自上而下地将行政权力下放给地方或基层政府，增强地方或基层政府的自主性，充分发挥地方和基层政府在公共服务供给中的积极性、主动性，是提高公共服务能力的共同趋势。

乡镇与县一级政府之间的权力划分是我国政府行政管理体制内权力划分的微观缩影。政府系统内从中央人民政府到地方各级政府之间的事权、财权划分，从根本上划定了乡镇政府的决策权、人事权、财政权等各项具体权力的范围和边界，并制约着乡镇政府公共服务能力的提升。

二、制度性要素

制度性要素主要是指影响乡镇公共服务能力的具体制度、规则、机制，包括乡镇人事、财务、绩效考评、监督等各项规章制度的设计，政策的规划、执行、反馈机制等。具体而言，乡镇公共服务能力的制度性要素主要包括以下几个方面。

（一）人事管理

乡镇的人事管理制度是指一系列与乡镇公务人员的选拔、考录、聘任、奖惩、监督、晋升、退休等相关的制度安排。与乡镇人事管理密切相关的制度包括乡镇干部的任免与晋升制度、乡镇人民代表大会代表选举制度、乡镇长（或乡镇党委书记）任免制度、党政干部交叉任职等；公务员制度以及事业单位人事制度，包括基层公务员和事业单位人员的轮岗制度、交流制度、调换制度、培训制度、考核制度、职级晋升制度、职称评定制度等。在政府日常工作中，还包括具体的工作、考勤、病事假制度等。此外，与公务员编制或事业编制相关的制度规定，与乡镇工作补贴和艰苦边远地区津贴相关的制度规定等，也属于人事管理制度的重要内容。

就公共服务而言，与公共服务供给直接相关的人事管理制度包括乡镇干部岗位责任制、服务承诺制、业绩评议制、失职追究制等。在各项具体的人事管理制度中，乡镇干部人事制度是乡镇人事管理制度的核心，对政府的公共服务能力具有关键性影响。乡镇的人事管理制度是乡镇充分发掘、合理配置、有效利用人力资源的制度凭借。不合理的人事管理制度往往造成优秀人力资源的流失，进而影响公共服务供给的持续性、稳定性和有效性。反之，良好的人事管理制度从制度层面为乡镇的公务人员创造了公平、公正的工作环境，不仅能吸引更多优秀人才流向农村基层和乡镇，服务于农村公共服务事业建设，还有助于政府现有人力资源的效益最大化，保证农村公共服务的优质、高效供给。

（二）财政制度

公共服务事业的发展离不开政府财政的支持，社会各项公共服务产品供给、各项公共服务决策的顺利实施，必须以充足的政府财政资金为保障。鉴于此，乡镇的财政能力是乡镇为农村社会和基层群众提供各项公共服务的前提条件。而基层政府的财政制度则直接决定着乡镇财政能力在公共服务供给领域的具体表现。

所谓财政制度，是指为协调各级政府财政之间的分配关系，对地方各级政府的财政管理权限进行划分，由此而形成的制度安排。财政制度是充分发掘、合理配置和高效利用乡镇财力资源的制度基础。运行良好的乡镇财政制度不仅能够尽可能地减少和避免财政资源的浪费，还有助于最大化地利用乡镇财政资源，将有限的财力资源转化为政府实际行动中的公共服务能力。

在实践中，与乡镇公共服务能力相关的财政制度要素包括乡镇的财政预算和决算制度，乡镇的财政支出结构，省级以下对乡镇的财政转移支付制度，乡镇具体的财务管理制度（会计制度），等等。

从乡镇财政的角度来看，乡镇公共服务能力建设的总体状况以及乡镇公共服务能力水平的高低取决于乡镇财政采取怎样的制度模式。在“吃饭性财政”和“建设性财政”占据主导地位的政府财政模式下，政府在经济建设和日常行政管理中的财政开支过大，势必侵占公共服务领域的财政投入，进而制约政府公共服务能力的提升。以公共服务为导向的财政制度，要求政府在财政支出结构上将公共服务作为财政支出的首要任务；要求乡镇建立起科学合理的预算和决算制度，约束和规范乡镇财政的使用范围；要求乡镇享有与支出责任（事权）相匹配的财力资源；等等。

（三）绩效考评

以公共服务为目标导向的绩效考评机制是乡镇公共服务能力建设的重要条件。政府的绩效考评作为乡镇公共服务供给的重要环节，是约束和引导政府行为的重要途径。对基层政府所提供的公共服务进行必要的绩效评估，能为基层政府完善供给体系、优化供给能力提供动力，从而有利于基层政府公共服务的规范化、程序化，保障各项资源的有效产出，更好地满足人们对公共服务的多样化需求。

从绩效考评的内容来看，由于对乡镇的绩效考核和评估关乎人们对乡镇工作的具体评价，以及政府具体工作人员的薪资报酬、奖惩升迁，乡镇绩效考评内容的制度机制设计对乡镇及其成员的行为具有强烈的激励和导向作用——上级政府在对下级政府的绩效考评中注重哪些内容，下级政府的工作重心必然会向那个方向倾斜。换言之，政府绩效考核和评估机制的设计在很大程度上决定了政府日常工作的重心，并决定了乡镇人力、财力、物力的配置方向。在以经济增长和社会稳定为中心的政府绩效考核和评价体制下，乡镇必然倾向于将经济发展、项目投资、基层稳定等放在日常工作的首要位置，而将与民生建设密切相关的公共服务供给放在相对次要的位置。

除了绩效考评内容对公共服务建设的影响之外，绩效考评过程的程序化、规范化、制度化程度同样会影响公共服务供给的效能。科学合理地设计政府绩效考评内容和程序能够为农村基层公务人员创造公平、公开、公正的竞争环境，进而有助于调动相关人员在公共服务供给中的主动性和积极性，激发乡镇人力资源的服务潜能，使乡镇公共服务供给更加有效。

（四）监督问责

进入 21 世纪以来，工业化、城镇化的迅速推进，农村居民生活水平的提高，以及各项支农方针政策的贯彻执行，为一些乡镇干部以权谋私提供了诸多机会和便利。在征地拆迁、惠农工程等各项农村事务中，乡镇干部权力失范行为的频繁发生，不仅造成农村公共资源的极大浪费，还严重削弱了乡镇的公共服务能力。监督问责机制是确保各项公共服务决策具体贯彻落实的重要保障。从监督问责机制的内容来看，与政府监督问责相关的制度包括政务财务信息公开公示制度，乡镇干部离任责任审计制度等；监督问责的领域涉及一切与政府活动相关的行为，主要包括对政府财政预算和决算、收入和支出的监督，对政府重大公共项目决策和执行的监督，对乡镇干部日常工作的监督，对政府征地拆迁、项目招标、惠农政策落实等具体工作的监督等。

就监督问责的主体而言，监督问责的形式包括政府内部的监督，如乡镇人民代表大会、政协或同级纪检监察部门对政府行为的监督，县市一级人民代表大会、政协或政府纪检监察部门自上而下的监督，以及农村基层社会组织或个人自下而上的监督等。就监督问责的对象而言，公共服务监督的对象包括公共服务的职能、公共服务的生产过程以及公共服务的实际效果（合理性、有效性）等。监督问责的手段和方式包括约谈、责令整改、通报批评等。

完善监督问责机制，建立科学、系统、完整的公共服务监督问责体系，对于改善公共服务供给的政治生态环境，促进公共服务的规范化、程序化、制度化，提高乡镇政府公共服务效能等具有重要作用。

三、主体性要素

主体性要素，简言之就是人的要素，主要是指影响乡镇公共服务能力的主观因素。服务型政府除了一系列的外在的以公共服务为导向的制度安排之外，还由具有服务意识和服务能力的行动个体所构成。

在公共服务建设领域，乡镇政府的工作人员位于各项事业建设的第一线，是各项公共服务的直接执行者。乡镇公共服务能力的提升，离不开特定的主体性要素的支持。由于乡镇公共服务能力的高低往往表现为具体服务者公共服务能力的高低，主体性要素就成为乡镇公共服务能力的最直观体现。

总的来看，乡镇的主体性要素包括主体构成和主体的素质能力两个方面。

（一）主体构成

主体构成是指参与乡镇公共服务供给的所有行为主体，其中包括以个体形态存在的服务者和以组织形态存在的服务机构。

根据主体的性质及功能的不同，公共服务的主体可分为乡镇公务人员、乡镇企业和社会组织，以及基层群众三大类别。

1.乡镇公务人员

乡镇公务人员的公共服务能力是乡镇公共服务能力最直观的体现，乡镇公共服务能力表现为具体的乡镇服务主体的服务能力，如乡镇干部的公共服务能力以及乡镇普通职员的公共服务能力等。乡镇干部以及乡镇普通职员素质能力的整体水平，直接决定了农村公共服务供给效能的高低以及供给质量的优劣。

从具体构成来看，乡镇公务人员包括政府系统内部的公务人员和政府系统之外的基层公务人员。

政府系统内部的公务人员包括县级政府公务人员、乡镇领导干部及普通职员、乡镇人民代表大会代表、政协委员以及各事业单位的公共服务人员。其中，县长、县委书记等县一级的领导干部以及乡镇分支机构的县级政府职能部门对乡镇具有直接领导职责，负责指导乡镇的具体工作；乡镇领导干部是农村公共服务供给的核心，统筹规划农村各项公共服务事宜。乡镇人民代表大会代表、政协委员不仅对政府活动具有提案、监督、质询、问责等权利，而且承担着了解基层农民群众现实诉求的责任。政府普通职员以及各事业单位的公共服务人员负责各项公共服务决策的具体落实。

政府系统之外的基础公务人员是指村一级的基层公务人员，主要包括村民委员会和党支部委员构成的“村两委”成员。“村两委”主要负责乡镇的各项公共服务决策在村一级的具体落实。

2.乡镇企业和社会组织

乡镇企业和社会组织都是以组织形态存在的公共服务主体。

乡镇企业不仅是乡镇的重要税源，还是政府购买公共服务的承接主体之一，承担着部分公共服务供给职责。水电煤气供应、道路交通设施等公共基础设施建设均通过项目招标的形式，由各种营利性组织来完成。随着基层公共服务升级，具有服务功能的乡镇企业在公共服务供给中的作用日益凸显，并影响着乡镇公共服务能力的提升。

各类社会组织在乡镇公共服务供给中承担着多种职能，是农村公共服务的重要承载主体，这些社会组织包括农村各类行业协会、基金会、慈善机构、老年人协会、红白理事会等。社会组织通过与不同性质的组织和个人的合作，在科技教育、文化体育、卫生保健、社会福利、法律援助、环境保护、行业管理、社区建设、农村经济等诸多领域发挥着重要作用。

3.基层群众

基层群众既是乡镇公共服务的对象，同时又是参与公共服务决策和执行的重要主体。基层群众主要通过参与的方式对乡镇的公共服务能力产生作用和影响，其参与公共服务的影响贯穿整个公共服务供给过程的始终，是在公共服务领域实现民主决策、民主监督、民主管理的重要途径。

从公共服务决策来看，建立以需求为导向的公共服务供给模式需要乡镇在充分了解基层群众现实需要和利益诉求的基础上作出公共服务决策，因此公共服务决策的有效性就离不开基层群众利益诉求的充分、有效表达，基层群众的广泛参与是保障公共服务决策符合社会发展需求的重要条件。

就公共服务监督而言，群众监督具有广泛性、普遍性。从公共服务评估来看，作为乡镇公共服务的对象，基层群众对公共服务的满意程度是公共服务具体效果的真实体现，因此对政府公共服务绩效的评估同样离不开基层群众的积极参与。

（二）主体的素质能力

素质能力是指在特定教育背景、社会实践以及文化环境的持续影响下而形成的思想认识、意识态度、技能素养的总称。素质是人的“能力与行动之间”的纽带，对人的行为选择具有重要的实践意义。乡镇公共服务主体的素质能力是其思想作风、职业素养、道德情操、精神风貌的集中反映，作为主观因素贯穿于公共服务供给活动的整个过程，并时刻影响着公共服务的总体水平。

作为主体性要素的重要方面，乡镇公务人员的素质能力包括思想观念、意识态度、业务技能三个方面的内容。

1.思想观念

思想观念是人们受各种外在因素的持续性影响，在长期的生活和生产实践当中形成的对某一现象或事物相对稳定的、总体的、综合的主观认识。公共服务供给主体的思想认识观念制约着公共服务供给效率和质量的总体水平。

公共服务在政府日常活动中居于什么样的地位，取决于政府公务人员秉持怎样的思想认识和价值观念。在统治或管制观念占主导地位的政治文化生态背景下，公共行为主体将获取、维持和行使公共权力作为政府运行的核心使命，并以维护社会的秩序和稳定作为政府工作的首要价值和目标。

公共行为主体之间表现为强烈的竞争、博弈、对抗关系。以服务为核心的服务行政理念，将公共服务的价值理念嵌入政府行政活动的各个层面，弱化了政府行政的权力属性，并重塑政府行政的范围、方式和方法，使政府的行为活动保持公共倾向。公共服务的供给主体是否具有“主权在民”的思想、依法行政的思想、公共行政的思想等，是判断政府服务素质能力的重要尺度。

2.意识态度

意识态度主要是指公共服务供给主体的服务意识、服务精神、服务态度。服务意识和态度关乎政府公务人员是否具有良好的工作精神和服务状态，能否在基层群众中树立良好的形象。政府公务人员中“官本位”和“权力本位”等落后意识观念的盛行，势必会造成服务态度冷漠，进而制约政府公共服务能力的提升，而公共精神和服务意识的普遍建立，有助于人们保持热情、廉洁、高效的工作作风，在公共服务供给活动中更具积极性、主动性。

提高乡镇公共服务能力，建立服务型乡镇，要求公共服务主体以身作则，树立民主意识、法治意识、责任意识、绩效意识以及“以农民为本位”

的政府服务理念，将基层农民群众的利益作为政府工作的出发点和落脚点，以服务广大基层农民群众为根本宗旨。

3.业务技能

各个公共服务领域的专业技能是乡镇公共服务能力最直观的体现。业务技能主要是指与公共服务供给密切相关的各项具体的技能，主要包括各个服务领域的专业技能和政府行政管理水平，如政府的组织、沟通、协调能力等。

具体而言，公共服务的技能包括两个方面。

一是政府行政管理技术水平，如乡镇干部的领导、组织、沟通、协调能力，政府财务部门的财务管理技能，人事部门对乡镇公务员的引进、培训、监督、考评、奖惩、晋升等具体业务的专业技能等。乡镇公务人员的行政管理技能在公共服务的各项技术中居于核心地位，并在一定程度上决定了获取、配置和利用各类公共服务资源的合理性和有效性。

二是各个服务领域的专业技能。例如，在医疗卫生领域，表现为乡镇医院和卫生服务站所医师和护士的医疗护理技术水平；在社会保障领域，表现为养老院、福利院等公益性组织的养老服务技能；在文化教育领域，表现为农村中小学教师队伍的教育教学技能；等等。此外，就业创业扶持、灾害救助、失业救济等其他公共服务领域均需要公务人员具备相应的专业技能。

四、策略性要素

策略性要素是指影响乡镇公共服务能力的具体的服务手段、方式、方法、措施，主要包括具体的公共服务供给模式、网络信息技术在公共服务供给中的具体运用等。

政府采取怎样的方式、方法提供公共服务对公共服务能力的表现具有显著影响。公共服务供给的方式主要是由参与公共服务供给的主体决定的。美国民营化理论家萨瓦斯（E. S. Savas）根据参与公共服务供给主体的不同，将公共服务的供给方式分为十种类别，如表 2-3 所示。

表 2-3　公共服务供给方式的十种类别

	生产者	提供者、规划者
公共部门	政府服务	政府出售
	政府间协议	自由市场
私人部门	合同承包	凭单制
	特许经营	志愿服务
	政府补助	自我服务

（一）政府单独供给

政府单独供给是指由政府自身作为单一主体提供公共服务的供给方式。政府单独供给有三种类型：一是由政府自身提供公共服务，政府扮演了生产者和提供者的双重角色；二是政府之间或不同政府行政部门之间达成协议，由某个政府或行政部门支付费用，委托或雇佣另一个政府或行政部门提供某些公共服务；三是政府出售，即政府通过公共部门或政府业务私营化的途径，将自身拥有的公共服务资源出售给公民个人或私人部门。对于一些特定的纯公共服务领域，政府具有无可替代的作用。

（二）公私联合供给

公私联合供给是指由政府与私人部门联合提供公共服务的服务供给模式，包括三种类型：一是合同承包，即政府与营利或非营利组织签订关于公共服务供给的合同，由政府出资，通过政府购买公共服务的形式委托私人企业或非营利组织提供公共服务的方式；二是特许经营，即在某些特定的公共服务领域，政府将具有垄断性质的公共服务供给权力委托给私营企业，由特定私营企业按照政府的要求为社会公众提供公共服务的方式；三是政府补贴，是指政府对一些收费性质的准公共服务的生产者提供政策性补贴，主要包括对服务供给者的补助和对服务消费者的补贴（凭单）两种方式。

（三）企业或社会供给

在传统的政府运作模式下，政府作为单一主体垄断公共服务供给，私营企业、社会组织或个人等其他主体被排斥在公共服务供给之外。而新公共管理运动的兴起将更多的主体纳入公共服务供给体系中，使公共服务供给模式趋于多元化，进而提高了政府的公共服务能力。

由私人企业、社会组织或个人提供的服务供给模式有四种：一是自由市场，即在政府不介入的前提下，由私人企业、社会组织负责公共服务的生产，其他组织或个人通过付费购买的方式消费服务；二是志愿服务，即志愿者或公益性组织为特定群体无偿提供公共服务的方式；三是自我服务，即个人或社会组织通过整合内部资源，实现自给自足、自我服务的公共服务供给模式；四是凭单制，即政府对特定公共服务的消费者给予专门补贴。

（四）网络化供给

除了上述供给方式之外，随着网络信息化技术的普及，政府对网络信息技术的运用成为公共服务供给策略性要素的重要方面，并深刻影响着政府公共服务能力的总体水平。利用网络信息技术实现公共服务的网络化供给日益成为重要的政府服务供给方式。例如，“云服务”、物联网、人工智能和大数据等技术在社会治安、远程医疗、远程教育、环境监测等公共服务领域的运用，移动终端、网络 App 技术在民主投票、民主管理、民主决策、民主监督等方面的运用，共享数据库、虚拟现实等技术在政府行政审批、政务咨询服务中的运用等。

综上所述，乡镇公共服务能力的形成以及服务能力水平的高低是乡镇政府体制性要素、制度性要素、主体性要素、策略性要素有机结合、共同作用的结果。其中，与政府职能定位、政府权责划分相关的体制性要素贯穿我国整个政府行政系统，其对公共服务能力的影响具有根本性、结构性、基础性、间接性等特征，是制度性要素、主体性要素、策略性要素等其他要素发挥作用的前提。制度性要素和主体性要素分别从制度机制和行为主体两个层面对乡镇公共服务能力的形成产生影响，两者构成了乡镇公共服务能力要素的核心部分，并决定了策略性要素的具体表现。

制度性要素和主体性要素之间也存在着相互作用的关系，公共服务人员的体能、技能和智能等作为主体性要素是公共服务能力的重要基础，而公共服务机制（制度要素）的优劣将决定着组织及其成员的潜能能否正常发挥。此外，策略性要素是公共服务能力在具体的服务手段、方式、方法等层面的直观体现，对公共服务供给质量、效率的影响更具直接性。

综上所述，乡镇公共服务能力的形成就是通过乡镇的体制性要素、制度性要素、主体性要素以及策略性要素的有机结合和共同作用，将政府潜在的权力资源、财力资源、人力资源、信息资源等各种资源转化为政府实际活动中的公共服务能力的过程。

在这一转化过程中，乡镇的各种构成要素对其潜在的各种资源形式产生三个方面的作用和影响：一是开发和拓展资源的总量，如通过政府之间权力或财力的再分配，改进人事、财务制度，提升服务供给的专业化水平等手段，拓展资源开发渠道，增进乡镇的权力、财力、人力资源的总量。二是规制引导资源使用的方向。权力资源、财力资源、人力资源、信息资源是乡镇公共服务能力的潜在形式，这些资源既有可能被运用于公共服务供给，也有可能被投入经济建设、项目投资、社会维稳等其他政府行政活动领域。

因此，乡镇公共服务能力的形成，需要发挥价值理念、制度机制的约束、规制和导向功能，为政府创造良好的行政生态环境，激励和引导政府成员将各种有限的资源投入公共服务供给。例如，建立和完善社会组织或公众个人能够广泛参与的民主决策机制，以公民需求为导向的政府服务组织结构，以公共服务为导向的服务型财政制度，以及以公共服务为主导的政府绩效评估机制等，有助于引导政府成员关注公共服务领域，并在公共服务领域创造更多价值。三是优化资源配置的结构，即通过改进体制的运行、完善制度机制设计、提升服务主体素质以及优化供给策略等，尽量避免因决策失误或其他各种因素等造成资源浪费，在公共服务供给活动中使有限政府资源的效益最大化。

第三节　乡村振兴背景下乡镇公共服务能力指标体系的构建策略

对乡镇公共服务能力的内容结构进行分解，将乡镇公共服务能力转化为可操作、可观察的具体的量化指标，是设计乡镇公共服务能力评价指标体系的基础性工作。根据前文中对乡镇公共服务能力构成要素的分析，本节从乡镇公共服务结果和过程两个维度对乡镇公共服务能力评价指标体系进行设计，得出两套描述乡镇公共服务能力的标准。

一、基于结果的乡镇公共服务能力指标体系

基于乡镇服务供给结果对乡镇公共服务能力的描述，乡镇公共服务能力评价指标可以分为医疗卫生服务能力、社会保障服务能力、文化教育服务能力、生态环境服务能力、基础设施服务能力、公共安全服务能力等六个方面。每个领域都可以具体分为更为详细的二级或三级指标，具体如表 2-4 所示。

表 2-4　基于服务结果的公共服务能力测评指标

一级指标	二级指标	三级指标
医疗卫生服务能力	医疗条件	医院环境和设备，医疗技术水平，医疗费用和药品价格
	医疗保障	新型农村合作医疗，“新农合”实施状况
社会保障服务能力	养老保障	新型农村养老保险，养老机构设置，养老服务人员配备状况
	法律援助	法律服务所，法律援助中心，人民调解组织等机构提供的法律援助工作
	失业救济	就业信息，培训和困难群众就业援助状况
文化教育服务能力	公共文化	体育健身器材，公共娱乐场所等文化设施建设及管理
		移风易俗，弘扬传统美德，树立文明新风等乡风文明建设
生态环境服务能力	义务教育	义务教育的师资，生源，教学条件，教育质量
	污水治理	生产生活污水治理，河流池塘水源水质状况
	垃圾处理	垃圾回收点设置，垃圾集中处理
	环境绿化	居住环境绿化，村庄绿化，自然环境等生态环境建设
基础设施服务能力	农田水利	农业灌溉系统，农田水利等生产基础设施的建设及管理
	道路交通	道路硬化，公交汽车，道路照明等公共交通设施的建设及管理
	水电供给	供水、供电、供气等公共设施的建设及管理
公共安全服务能力	社会治安	当地社会治安，刑事案件处理情况
	公共卫生安全	当地公共卫生安全，食品安全，饮水安全等状况
	生产生活安全	当地生活安全，交通事故，生产火灾等状况
	灾害防治	自然灾害防治，水灾、雪灾、地质灾害等状况

乡镇的医疗卫生服务能力可以进一步分为医疗条件和医疗保障两个指标。医疗条件主要是指医院和卫生所的数量，医院环境和设备，医疗技术水平、医疗费用和药品价格等；医疗保障主要是指乡镇在推动实施新型农村合作医疗制度方面的表现。

社会保障服务能力主要表现为乡镇在农村养老保障、法律援助、失业救济等方面的公共服务能力，涉及养老保险的普及程度、养老机构的设置、养老服务的工作质量，法律服务所、法律援助中心，人民调解组织的工作质量，就业创业培训，等等。

文化教育服务能力主要是乡镇政府在公共文化建设和农村基础教育领域的服务供给表现。其中，公共文化服务能力又可具体分为乡镇在公共体育健身器材、公共娱乐场所等硬件设施方面的建设，以及在移风易俗、弘扬传统美德、树立文明新风等乡风文明建设领域（软件方面）的表现。农村基础教育服务能力主要表现为乡镇在师资、生源、教学条件、教育质量方面的建设状况。

生态环境服务能力可具体分为污水处理、垃圾处理、环境绿化三个二级指标，涉及乡镇对生产生活废水、废气、废渣的处理，对人居环境的绿化等。基础设施服务能力包括农田水利、道路交通以及供水、供电、供气等生产生活领域方方面面的基础设施建设。

公共安全服务能力涵盖社会治安、公共卫生安全、生产生活安全、灾害防治四个二级指标。

二、基于过程的乡镇公共服务能力指标体系

从公共服务供给过程角度出发，可以将乡镇公共服务能力的指标体系概括为民意聚合与甄别能力，资源获取与配置能力，公共决策与执行能力，监督问责与评估能力，民意诉求回应能力五个方面。

在基于服务供给过程的乡镇公共服务能力评价指标体系中，每个指标都有与其对应的二级或三级指标。

民意聚合与甄别能力由民意聚合和民意甄别两个二级指标构成。其中，民意聚合还包括乡镇对民意需求知晓的完整性和及时性，民意甄别则主要是指乡镇是否清楚地知晓哪些民意诉求属于乡镇的职权范围，哪些在乡镇的职权范围之外。

资源获取与配置能力涵盖已有的资源支持、资源汲取和资源配置三个二级指标。其中，资源支持既包括财政支持，即乡镇是否具备足够的财政能力，又包括民意支持，即乡镇的各项工作是否能够取得基层群众的信任。

公共决策与执行能力包括公共服务决策和公共服务执行两个方面的内容。其中，公共服务决策又可分为决策的科学性、针对性、民主性三个三级测量指标，即公共决策是否科学合理，是否具有针对性，是否充分倾听民意，尊重公共的多元诉求等。对公共服务执行能力的测量则包括执行的效率是否高效，执行过程是否依法依规，执行结果是否质量过硬等。

监督问责与评估能力包括信息公开、监督、绩效评估、问责四个二级指标。主要是指乡镇政府在公共服务供给过程中是否能够做到信息公开透明，对公共服务项目的具体实施是否能够及时地予以监督和问责，对服务结果是否能及时有效地进行评估。

民意诉求回应能力包括乡镇对民意诉求的重视程度、回应的态度、回应的效率三个二级指标。主要测量乡镇是否对民众特定的利益诉求高度重视，在回应基层民众服务诉求时能否做到态度友善，耐心倾听民众诉求，并及时准确地进行答复等。

第三章　乡村振兴背景下乡镇公共服务能力提升

第一节　乡镇公共服务能力提升的目标要求

乡镇作为我国最基层的政权机关，是国家法律法规政策落实到“最后一公里”的重要执行者，是基本公共服务的重要提供者，是基层治理的重要组织者。在国家大力实施乡村振兴战略的时代背景下，提升乡镇公共服务能力，提高乡镇服务效能，有利于满足基层群众的服务需求。

针对当前乡镇公共服务能力建设面临的诸多困境与现实挑战，应以建设服务型乡镇、实现城乡基本公共服务均等化等为目标要求，满足人民群众的多样化诉求，推进乡镇公共服务能力全面提升。

一、加快服务型乡镇建设

“服务型政府”[①]是与“全能型政府”“管制型政府”相对应的政府理念。它是指政府在公民本位、社会本位理念的指导下，以公民服务为宗旨，实现服务职能并承担服务责任的政府。

在具体实践中，服务型政府理念要求政府以公民为本位，始终坚持“公众至上”的原则，充分尊重民众意愿，倾听民众诉求；以服务为主导，即政府应当将为企业、社会和公民提供优质高效的服务作为自身的首要职能和主要职能；以公民满意为目标，即政府提供公共服务的目的是满足人民群众日益增长的公共服务需求，维护和实现社会公众利益。

服务型乡镇是服务型政府理念在乡镇一级政府的具体体现，是当前人们对乡镇职能改革具体目标的定位。服务型乡镇的提出要求乡镇摆脱传统的以汲取和管制为主要内容的职能模式，转换政府的角色定位，重塑服务型政府角色，根据基层群众的现实需要，以公共服务供给作为乡镇的核心目标来重塑政府的组织结构和运行机制。

目前，虽然建设服务型乡镇取得了一定成效，但我国大多数的乡镇一级政府尚未真正实现从“管制型政府”向“服务型政府”转变，构建服务型乡镇政府仍停留在理念层面。乡镇的组织结构、制度机制、人员素质、思维观念等也未能满足服务型乡镇建设的各项要求。建设服务型乡镇，离不开乡镇公共服务能力的提升。乡镇的公共服务能力是服务型政府在其核心能力（即服务能力）方面的具体表现。

乡镇公共服务能力建设水平是衡量服务型乡镇建设程度以及基层政府治理现代化总体水平的重要尺度。提升乡镇公共服务能力，是推动政府职能转

① 党的十八大以来，以习近平同志为核心的党中央坚持以人民为中心的发展思想，进一步强化政府为民服务的职能。把人民满意不满意、高兴不高兴、答应不答应、赞成不赞成作为衡量党和国家一切工作的根本标准，以造福人民为最大政绩。

变的关键环节，是建设服务型乡镇的前提。乡镇公共服务职能的实现，必须以公共服务能力的稳步提升为基础。这就要求乡镇以提高自身的服务能力为目标，通过提升自身的组织、协调、沟通能力，加强其在民意聚合、资源配置、决策执行、监督评估等方面的服务供给能力，增强乡镇对农村社会公共服务需求的回应能力等，逐步转变乡镇职能，推进服务型乡镇建设。

二、实现城乡基本公共服务均等化

在乡村振兴背景下，建立健全以农村居民的现实需求为导向，政府主导、多元主体共同参与的新型农村基本公共服务体系，满足农村基层群众日益增长的对各项公共服务的需求，推动实现城乡基本公共服务均等化，是乡村全面振兴和农业农村全面发展的重要保障。统筹城乡发展，构建和完善农村基本服务体系，实现城乡基本公共服务均等化，是实施乡村振兴战略的重要环节。

针对农村基本公共服务体系建设的目标，乡村振兴战略提出了“保障和改善农村民生”的任务和要求，其中涵盖了交通物流、农田水利、能源体系、信息通信、劳动就业、教育事业、卫生健康、社会保障、养老服务等民生领域各个方面的服务建设。从当前农村公共服务供给的体制结构和运行机制来看，乡镇是各项公共服务政策的直接执行者，承担着基层各项公共服务供给的主要职责。

鉴于乡镇在农村基本公共服务体系中的主导地位，建立健全基本公共服务体系，实现城乡基本公共服务均等化的关键在乡镇。乡镇公共服务能力的高低不仅决定了其所提供的公共服务的数量和质量，还直接反映了基本公共服务体系建设的总体水平。在推进乡村振兴战略中，提升乡镇公共服务能力应当围绕如何提升农村公共服务水平、建立健全农村基本公共服务体系、努力实现城乡基本公共服务均等化等核心议题展开。

换言之，提升乡镇公共服务能力的核心任务，就是要补齐农村公共服务供给的短板，通过乡镇公共服务能力的提升，优化服务供给主体，整合机构平台，完善制度机制，合理配置资源，提升农村公共服务总体水平，逐步形成“全民覆盖、普惠共享、城乡一体、均等服务”的基本公共服务体系，进而在农村地区真正实现“学有所教、劳有所得、老有所养、病有所医、困有所帮、住有所居、文体有获、残有所助”，实现城乡基本公共服务均等化。

三、满足人民群众多元利益诉求

从马克思主义的人民政府观出发，人民性是我国政府机关及其行政行为的根本属性。人民政府的权力源于人民，服务于人民，以“全心全意为人民服务”为宗旨，以维护和实现人民群众的根本利益为最终目标。而提高公共服务能力，建设为人民服务的政府是对马克思“人民主权”和“人民政府”理念的发展，是人民政府的本质、制度、理念、价值的有机统一。

与此相似的是，根据公共服务的相关理论，政府应当秉持公民至上、公共利益至上的精神，将满足公民需求，保障和实现公共利益作为自身一切行为的首要目标。政府公务人员要具备公共服务的精神，奉行服务行政的理念，不仅要对行政事务负责，还要对公民自身负责。

此外，公共行政理论也认为，公共性是公共行政的根本属性，决定了政府的目标和行政行为的去向，追求公共行政的公共性是现代政府的重要目标。而政府公共行政的公共性表现在维护公共利益、提高公共服务品质、培养行政人员的创新意识以及加强行政人员的责任感等方面。换言之，政府应当代表社会公众，以实现公民利益的方式来彰显政府行政的公共性。

根据上述论点，提升乡镇公共服务能力，努力建设服务型乡镇的根本宗旨，就在于服务基层群众，满足基层群众的多元利益诉求。在公共服务供给过程中，乡镇政府应当以基层群众为本位，围绕基层群众的现实需要，将实现好、维护好和发展好基层群众的根本利益，增强群众的获得感、幸福感和安全感作为乡镇政府公共服务能力建设的出发点和落脚点。

政府以满足基层群众多元利益诉求作为公共服务供给的根本宗旨，需要改变过去以政府为主导的供给方式，从社会的现实状况和基层群众的现实需求出发来提升自身的公共服务能力水平。

一方面，从社会结构的现实状况来看，随着改革开放的持续推进，我国社会基层群众产生了明显的职业分化、收入分化和利益分化，使得群众意愿诉求多元化、行为方式多样化。社会结构的持续调整，致使基层群众的利益诉求也随之发生剧烈变化。处于不同阶层和群体的人们有着不同的利益诉求，也往往采取不同的利益表达方式，给公共服务供给、社会发展和乡村治理均带来新的挑战。

另一方面，就基层群众的现实需求而言，随着公共服务需求趋于多元化、差异化、高质化，基层群众日益增长的美好生活需要与城乡之间不平衡不充分发展之间的矛盾日益突出。当前基层群众不仅要求有稳定的就业和收入，还要有完善的基础设施、便捷的公共服务、可靠的社会保障、丰富的文化活动，过上现代化的、有尊严的生活；不仅要求物质生活上的富足，还要求生活在好山、好水、好风光之中。

总之，社会复杂性、不确定性因素的增加，以及基层群众公共服务需求的升级，对乡镇的组织协调能力、动员能力、回应能力等一系列服务能力提出了更高要求。这就需要乡镇在自身的服务能力建设中以农民和农村为本位，以基层群众的现实需求为导向，把握农村居民的多元利益诉求，努力改善人们的生活水平，实现乡村全面振兴和农业农村全面发展。

第二节　乡镇公共服务能力提升的基本原则

原则是人们从事各种活动的价值凭借和重要依据，它贯穿于人们行为活动的整个过程，并对人们的行为选择具有重要的规范和引导作用。提升乡镇公共服务能力，落实各项发展目标，实施各项发展策略，同样离不开特定原则的指导。

乡村振兴战略的提出为当前农业农村的有序发展和乡村的全面振兴提出了一系列新理念、新要求，这些新理念、新要求及其所蕴含的指导思想构成了推进乡镇公共服务能力建设的若干基本原则，是提升乡镇政府公共服务能力、建设服务型乡镇的基本价值准则。

具体而言，在乡村振兴战略理念指导下，提升乡镇政府公共服务能力应当遵循以下几个原则。

一、以坚持群众主体地位为核心

以群众为本位，坚持人民群众在公共服务供给中的主体地位，是乡镇政府公共服务能力建设的首要原则。按照“群众本位”的基本要求，决策者应当以人民群众的现实需求为导向，围绕着如何满足社会和基层群众的现实诉求这一核心命题来开展具体的乡镇公共服务能力建设工作。为此，在执行和落实各项具体路线、方针、政策的过程中，要充分尊重人民群众意愿，切实发挥人民群众在乡村振兴中的主体作用，调动亿万群众的积极性、主动性、创造性，把维护人民群众根本利益，促进共同富裕作为出发点和落脚点，促进人民群众持续增收，不断提升人民群众的获得感、幸福感、安全感。

要坚持以人为本，回应民生诉求。坚持以人民为中心的发展思想，将实现好、维护好、发展好最广大人民群众的根本利益作为一切工作的出发点和落脚点，以人民群众需求为导向，为人民群众提供精准有效的服务，让人民群众共享改革发展成果。

鉴于此，乡镇公共服务供给应当更加注重群众的主体需求、乡村产业发展的需求，提高人民群众参与决策的主动性、积极性，提升公共服务供给的民主化、科学化水平，让公共服务供给在现代化建设中发挥更大作用。

乡镇坚持“群众本位”的原则，有助于最大限度地避免公共服务供给的随意性和不确定性，保证服务供给的针对性和实惠性。当前，我国部分乡镇的公共服务采取的是自上而下的“供给导向型”供给模式。在这种供给模式下，各项公共服务并不是由社会和基层群众的现实诉求决定的，而是由各级政府部门决策者的主观意愿、偏好及认知能力决定的。受这种政府主导型服务供给模式的影响，政府的供给决策未能完全反映居民对公共服务的需求，造成公共服务供给与需求之间的严重脱节——乡镇提供的公共服务基层群众不需要，而基层群众需要的公共服务乡镇却不能满足。换言之，公共服务供需失衡是乡镇过度关注上级政府的行政指令而忽略基层群众现实诉求的结果。因此，在推进乡镇公共服务能力建设过程中，应当逐步改变乡镇“唯上、唯己、唯权”的思维观念和行为方式，以人民群众为本位。

以人民群众为本位，坚持群众主体地位的基本原则，要求乡镇在服务供给过程中突出基层群众的公民权和公共利益，以公共利益代言人的角色履行公共服务的职责，尊重民众选择，倾听民众呼声，回应民众诉求，努力从“以政府为中心”转向“以社会为中心”，从“以供给为导向”转向“以需求为导向”，构建新的公共服务供给模式，使基层的各项公共服务供给更加贴近群众的意愿偏好和现实需要。

二、以维护社会公平正义为前提

提升乡镇公共服务能力应当以维护和实现社会的公平正义为首要价值和前提。公平正义是人类社会发展的重要目标，是现代社会运转的基本价值准则。从政府与市场的相互关系来看，市场经济作为一种资源配置方式，虽然能促进社会资源要素的合理配置和流通，但市场经济也会造成社会财富的不平等分配和社会结构的贫富分化，进而导致严重的社会不公平问题。

此外，市场机制本身也无法实现公共产品和公共服务的有效供给。鉴于市场机制自身的不足，政府需要对社会财富进行二次分配，以弥补市场造成的诸多缺陷。而除了规范市场经济运行之外，政府通过为公众提供基本公共服务的方式，调节居民收入，缩小贫富差距，有利于最大限度地维护和实现社会的公平正义。鉴于此，政府应加强自身服务能力建设，构建社会公共服务体系，维护和实现社会公平正义。

公平正义要求全体人民共享社会发展的成果。现阶段，受经济发展水平的制约，我国同样面临着市场经济体制造成的社会不公平问题。自改革开放以来，社会主义市场经济推动了国民经济快速发展，促进了人民收入水平不断提高，同时也造成了城乡之间以及社会内部的不平等。在当前社会，推动基本公共服务体系建设，实现城乡基本公共服务均等化，对于维护公平正义，实现社会主义社会和谐稳定具有重要的实践意义。因此，乡镇公共服务必须坚持社会公平正义的价值取向。通过乡镇服务供给的方式构建和完善基本公共服务体系，为弱势群体提供各项基本公共服务，有利于从根本上改善城乡之间的不公平现象，实现城乡一体化和社会的和谐稳定。

推动公共服务均等化是实现社会公平正义的重要途径。所谓“基本公共服务均等化”，是指全体公民都能公平地获得大致均等的基本公共服务，其核心是促进机会均等，重点是保障人民群众得到基本公共服务的机会，而不是简单的平均化。换言之，提升乡镇公共服务能力的目的是保障农村居民人人享有基本公共服务的权利，促进社会的机会平等。特别是在医疗卫生、社会保障、养老服务、基础教育等具有社会救济、社会救助性质的公共服务领域，乡镇的积极作为是维护社会公平正义的重要保障。这就要求乡镇在公共服务供给过程中有所为、有所不为，努力为需要帮扶的群体提供公共服务产品，要雪中送炭，而非锦上添花，尽量避免造成新的不平等问题。

三、以因地制宜、循序渐进为准则

乡镇公共服务能力提升应当遵循因地制宜、循序渐进的原则，与当地社会经济发展水平相适应，与辖区内社会公众的公共服务需求相适应。根据因地制宜、循序渐进的原则，乡镇应当充分尊重不同地域、不同资源禀赋和不同经济发展水平的差异性特征，在不同公共服务领域根据基层群众需求的轻重缓急提供公共服务。

乡镇应当将公共服务供给的重点放在最薄弱且基层群众急需的基础性公共服务领域，如基础设施、基本医疗、义务教育、社会救济等方面。特别是在“空心化”较为严重的地区，乡镇在孤寡老人、留守妇女和儿童等方面的社会保障服务能力显得尤为重要。

乡镇在保障基础性公共服务有效、有序供给的前提下，应当将发展类公共服务作为乡镇公共服务能力建设的重心，努力推动各项公共服务优化升级，提升乡镇在自来水供给、煤气改造、厕所改造、公共文化服务、就业创业技能培训、生态环境保护等方面的服务能力，引入更高一级的公共服务项目，以满足居民对更高层次公共服务的需求。

按照因地制宜、循序渐进的原则，应当不断推进乡镇公共服务能力提档升级。乡镇公共服务能力建设和公共服务供给并不是一成不变的，而是应随着社会经济的发展、人民生活水平的提高以及公众服务需求的升级不断变化和调试。乡镇公共服务能力建设必然会随着社会经济发展水平的逐步提升，经历一个从无到有、从低级到高级的不断优化升级和完善的过程。

随着经济发展水平的提高和基层群众服务需求的升级，乡镇应当及时调整公共服务的方式和内容，将公共服务供给的工作重心从主导转向协调、引导、沟通、监督、评估等方面，推动部分准公共服务产品由公共供给转向私人供给。

除此之外，乡镇应当依托市场，逐步转变公共服务供给方式，充分发挥社会组织的作用，调动社会组织参与农村公共服务供给的主动性、积极性；可引入市场竞争机制，推动公共服务供给向社会组织和市场组织分流；也可推进公共服务供给的市场化和社会化改革，努力实现自身准公共服务产品的“自给自足”，推动公共服务从碎片化供给转向系统化、全方位供给。

四、以城乡统筹融合发展为宗旨

乡镇公共服务能力建设应从城乡关系的结构性调整出发，从城乡统筹和城乡融合发展的角度推进当前的服务体系建设，实现乡镇公共服务能力提升。通过资源共享和优势互补，建立城乡共同体，同步推进乡村振兴和城镇化，实现城乡共同发展。决策者应摒弃以往的“中心-外围”发展观念，强调“城乡并重、城乡互促”的包容性发展，构建城乡融合的基本公共服务体系。

在公共服务供给中秉持城乡融合的发展思路，要求乡镇政府尽量打破城乡之间人为造成的制度或体制分割。为此，决策者不应当人为地去划分农村地区或城镇地区，应顺应城乡统筹、城乡融合以及城乡一体化的发展趋势。在城乡公共服务决策中尽量做到统一规划，特别是改变过去城乡分割、以城镇为主的社会保障制度，在基本医疗保障、基本养老保险、病残救助等领域建立起城乡统一的社会保障体系。

此外，在城乡联系日渐紧密的时代背景下，乡镇还应当通过现代网络信息技术，推动交通通信网络的一体化发展，引导城乡资源的双向流动，在远程医疗、远程教育等领域实现城乡公共服务资源共享。

第三节　乡镇公共服务能力提升的具体策略

乡镇公共服务能力是乡镇各项主客观要素相互影响、共同作用的结果。这些因素在宏观层面上表现为乡镇赖以存在的制度结构和文化背景等，在中观层面上表现为与乡镇行为密切相关的财政制度和人才队伍建设制度，在微观层面上则表现为与乡镇公共服务能力直接相关的服务供给机制、供给模式等。

在乡村振兴背景下，提升乡镇公共服务能力应当从乡镇行政体制改革、公共财政管理体制、服务人才队伍建设、公共服务供给机制五个方面着手，全面提升乡镇公共服务能力。

一、推进乡镇行政体制改革

任何社会组织都根植于其所赖以存在的制度结构和文化背景，并无时无刻不受到上述因素的约束。乡镇位于国家和社会的互动界面上，必然会受到国家制度结构和社会文化背景等因素的影响：一方面，从政府治理的角度来看，乡镇是政府治理体系的“末梢”，乡镇服务总体水平的发挥必然受到国家相关法律、政策的影响；另一方面，从基层治理的角度出发，乡镇处于基层生产生活和公共治理的场所，同样受基层治理结构和治理逻辑的深刻影响。

基于上述理论，提升乡镇公共服务能力，首先需要从乡镇赖以存在的内外部基础性要素着手，以服务为导向，重塑乡镇内外治理结构，清除制约乡镇治理转型的结构性和体制性障碍。

（一）推进县乡体制改革

“压力型体制”是我国基层政府运转的主要方式，主要是指基层政府组织为了实现经济赶超，完成上级下达的各项指标而采取的数量化任务分解的管理方式和物质化的评价体系。“压力型体制”的产生有其特定的历史背景，它是在改革开放之后，随着中国社会经济转型而逐步形成的基层政府管理体制。在“压力型体制”下，市县一级政府为了保证各项任务指标的顺利实施和完成，把上级下达的任务和指标层层分解，下派给乡镇以及村委会，责令其在规定的时间内完成，然后根据完成的情况进行政治或经济方面的奖惩。在年终考核中，排名靠前的乡镇干部受到嘉奖，能够获得各种先进称号或奖励，排名靠后的干部则要接受各种形式的惩罚。这一惩罚机制具有“刚性化和绝对化”的特征，对较为重要的政治任务或硬性指标往往采取“一票否决”的方式，进而对乡镇干部的升迁造成决定性影响。

“压力型体制”赋予了基层各项工作强烈的政治属性，即县级政府、乡镇以及村委会将各级地方政府下达的各项命令均作为重要的政治任务来完成。在“压力型体制”下，随着基层社会事务的日渐增多，地方政府与基层政府之间以及县乡两级政府之间逐渐形成了“倒金字塔式”的治权体系与“金字塔式”的责任体系。在经济极度落后的历史背景下，“压力型体制”对社会稳定和经济发展具有一定的推动作用，但同时这一体制也在深层次上对基层社会的发展造成了不利的影响。惮于“一票否决”，部分乡镇为完成上级下达的各项政治任务甚至不择手段，导致基层存在欺瞒、浮夸、虚报等现象，制约了基层公共服务事业的发展。

“压力型体制”嵌入基层治理的政府决策和执行机制当中，对我国乡镇政府的公共服务能力建设造成深刻的影响。在以招商引资、安全生产等工作作为上级政府对乡镇干部考核的政治任务和硬性指标的背景下，乡镇干部将主要工作精力投放到上述领域，对公共服务事业不够重视。此外，“压力型体制”还导致乡镇过度依赖上级政府，在公共服务供给领域存在保守倾向，对公共服务供给持消极态度。

鉴于此，从“压力型体制”转向“服务型政府体制”，是扫除制约乡镇公共服务能力建设结构性和体制性障碍的重要措施。

具体而言，包括以下几个方面。

一是要转变县市一级政府对乡镇的权力作用方式。“压力型体制”凸显出上级政府对乡镇一级政府的强制性权力。在“压力型体制”下，县市一级政府普遍采用下达行政指令的方式部署各项具体工作，这种自上而下的行政方式具有鲜明的指令性、强制性、绝对性特征，乡镇严格按照任务要求执行上级政府决策，并没有给基层干部多少自由决策的空间。转变县乡之间的权力作用方式，要求县级政府在充分尊重农村基层社会多样性和乡镇干部自主性的基础上，使行政手段从以控制、命令为主转向以服务、引导、支持、协调、商议、监督为主，从强调对政治任务或目标具体细节的控制转向对各项基层工作的宏观指导，通过制度化的沟通、协作渠道，切实解决乡镇和基层干部在基层工作中面临的难题。

二是以公共服务为导向完善乡镇干部管理制度，重塑乡镇干部的考核、评价和奖惩机制。改变过去以招商引资、安全生产为核心的干部考核和评估体制，在对乡镇的绩效考评中，尽量少用、慎用并逐步消除硬性、刚性考评指标，充分发挥乡镇干部在公共服务供给过程中的积极性、主动性、创造性。严格控制“一票否决”事项，逐步减少和清理“一票否决”制在乡镇干部考评指标体系中的占比，对基层政府工作人员失职导致的行政事故，应采取针对特定事宜立项审查的方式，明确具体的责任主体。在监督问责方面，上级政府应当重点监督乡镇的行政行为以及政策执行过程是否合法依规，从以惩罚为主转向以激励为主。

三是通过立法完善基层政府行政的规章制度，使乡镇在各项具体工作中有法可依、有章可循，逐步实现乡镇工作的“去政治化”。在“压力型体制”的影响下，乡镇在经济发展、社会维稳等领域的任务，均具有强烈的政治属性，其政治属性赋予了各项任务刚性特征。因此，要消除“压力型体制”的弊端，应当将上级指派的各项任务内化为乡镇政府日常的具体行政工作，使乡镇的工作从“运动式治理”中解脱出来，并转向乡镇治理的常态化、规则化、制度化。弱化上级指派任务的政治属性，突出和完善乡镇日常工作的行政属性，使乡镇针对上级指派的具体任务有章可循、有法可依，同时又不影响其他工作的正常开展。

四是建立和完善基层群众的参与机制。“压力型体制”造成乡镇干部“唯上、唯权”的人治观，因此在推动乡镇干部减负，弱化乡镇政府自上而下压力的同时，要引入并逐步完善基层群众参与机制的方式，增加乡镇的外部民意压力，在乡镇的决策、执行、监督、评估等环节让广大群众积极参与，变自上而下的压力输入为自下而上的压力输入。

（二）推动乡镇增权赋能

明确乡镇在农村基层事务中的职能定位，是推动乡镇公共服务能力建设的首要工作之一。就目前乡镇改革的具体实践来看，应当按照因地制宜、循序渐进的原则，根据不同地区的实际状况调整乡镇的发展定位和职能角色，对不同地区的乡镇行政体制改革进行区别对待和分类处理。

首先，对于经济实力较强、发展潜力较大的集聚提升类和特色保护类乡镇，应当以“撤乡设镇”“强镇扩权”的方式，在不改变行政层级的前提下，通过下放人事权、改革财政权等各项行政权力，扩大乡镇经济社会管理权限，使其能够在辖区内行使财政支配权、人事管理权、规划决策权、计划协调权、指导监督权和综合治理权，建成一级权责对等、职能完备的政府。

其次，对于经济发展水平落后、农村人口流失特别严重、治理资源匮乏的乡镇地区，可以根据农村发展的现实需要推动“县政乡派式改革”，将乡镇一级政府改革为县级政府的派出机构，以加强县级政府对乡镇工作的指导。凝聚和优化农村基层治理资源，以县级政府的财政转移支付形式构建农村基本公共服务体系。

最后，对于地处城市郊区的乡镇，则可以根据不同的情况采取相应的改革方案，在城镇化特征明显的城市近郊镇或县城城关镇，可以参照城市街道办事处的形式，将乡镇改革成市区一级政府的派出机构，与城镇地区统一规划管理，推动城乡一体化发展；在城镇化特征不明显的城郊乡镇，则可以参照集聚提升类乡镇的标准，依托靠近城镇的区位优势，完善政府公共服务职能。

在上述几种村庄类型中，集聚提升类乡镇在各类乡镇中占据绝大多数，是我国乡镇发展的主流方向。因此，“撤乡设镇”“强镇扩权”是我国乡镇改革的主要形式。强镇扩权实际上是对县乡（镇）两级行政权力的重组和再分配，其核心内容是县市一级政府向乡镇的放权让利。事实上，随着农村事务的复杂化和农村居民服务需求的升级，乡镇提供公共服务的职责重大，但却不具备与职责相对应的权力。这种“责任大，权力小”的矛盾制约着乡镇公共服务能力的提升。

鉴于此，从推动乡镇权责对等和公共服务能力建设的角度来看，以弱化乡镇权力为主的“乡派式改革”虽然在特定的历史时期对于规范乡镇行为具有重要的作用，但并不符合当前乡镇改革的主流方向。而推动乡镇增权赋能，扩大乡镇的服务管理权限，符合基层政府向服务型政府转型的基本逻辑，符合基层服务型政府的转型要求。公共权力配置及其运行优化，对于提升乡镇自主性，激发乡镇公共服务活力，提升乡镇公共服务能力，建设服务型乡镇具有重要意义。

2017 年，《关于加强乡镇政府服务能力建设的意见》明确提出了扩大乡镇政府服务管理权限的要求，强调要“按照权力下放、权责一致的原则，除法律法规规定必须由县级以上政府及其职能部门行使的行政强制和行政处罚措施，以及行政许可事项外，对直接面向人民群众、量大面广、由乡镇服务管理更方便有效的各类事项依法下放乡镇政府，重点扩大乡镇政府在农业发展、农村经营管理、安全生产、规划建设管理、环境保护、公共安全、防灾减灾、扶贫济困等方面的服务管理权限。强化乡镇政府对涉及本区域内人民群众利益的重大决策、重大项目和公共服务设施布局的参与权和建议权”。

在具体的实施过程中，县市一级政府的放权让利应当与乡镇的增权赋能同步推进。县市一级政府不能只放事不放权，也不能一放了之。例如，在各地普遍实施的把村公章收归乡镇、实行“村章乡管”的做法，不仅违背了《中华人民共和国宪法》和《中华人民共和国村民委员会组织法》的精神，并且给基层工作和群众生产生活带来不便。针对一些村情复杂、矛盾多发的问题村，在村委会换届选举或者对村级组织进行治理整顿期间，乡镇可以暂时将村公章收缴代管，待换届选举或者整顿工作结束后归还，切实维护好群众的合法权益。对于上级政府下放的权力，乡镇也必须接得住、管得好。

需要注意的是，县市一级政府向乡镇一级政府的权力下放和乡镇的增权赋能并非将乡镇视为农村公共服务供给的唯一主体。县乡以及乡村之间权责关系调整的目的是实现县（市）、乡（镇）、村三级治理主体在农村公共服务领域形成科学合理的分工协作关系，使三者之间各司其职。此外，县市一级政府向乡镇一级政府的权力下放仅仅解决的是政府的效能问题，而并不涉及政府自身价值偏好的考量。如果不能处理好政府效能与政府自利性的关系，乡镇的增权赋能可能适得其反，其结果不是公共利益的最大化，而是部分既得利益者对公共利益的肆意掠夺。因此，随着乡镇增权赋能和服务管理权限的扩大，必然要求优化相应监管机制，进一步提升监管能力。

（三）优化乡镇组织结构

政府的组织结构是指构成政府的各个组织、部门、机构的具体设置及其权责分工关系的总和。优化政府的组织结构，是深化行政体制改革的重要内容。政府的组织结构是政府功能的载体，是政府完成和实现各项政治或行政目的和任务的组织基础和制度依托，它从深层次上反映了政府自身的运行逻辑和价值取向。因此，政府的组织结构从根本上看是根据政府本身的意志偏好、目标任务而设计和建设的。换言之，政府有什么样的目标任务，试图发挥什么样的功能，就有什么样的政府组织结构与之相对应。

在乡村振兴背景下，提升乡镇公共服务能力，构建服务型乡镇，也必须有与之相应的政府内部组织结构为依托。这就需要进一步深化当前的政府行政体制改革，根据公共服务建设的需要重塑当前乡镇的内部组织结构，改变过去自上而下的、以命令和服从为主要行政方式的政府组织形式，形成与服务型政府理念及公共服务目标相适应的政府组织模式。

改革开放之后，随着人民公社体制退出历史舞台，我国乡镇为适应社会发展的需要，在 20 世纪 80 年代根据政府的职能普遍建立起了“七站八所”的政府组织架构。随着乡镇机构臃肿、人浮于事、职能定位不清、相互扯皮、办事效率低下等一系列问题的出现，“七站八所”的政府机构被越来越多的人诟病。

从乡镇与上级政府的纵向关系来看，“七站八所”的政府组织结构实际上反映了我国各级政府存在着显著的“职责同构”特征。所谓“职责同构”，是指各级政府在机构设置、职能分工、运行机制，甚至思维模式上都具有高度的相似性、一致性，表现为“上下对口”“左右对齐”。在农村基层，“职责同构”导致县、乡镇一级政府涵盖了上一级政府的绝大多数机构和职能。事实上，政权体系的同构性特质是权力自上而下向社会渗透的必然结果，其从深层次上反映了我国政府体制的“管制”“汲取”特征。

进入 21 世纪以来，服务型乡镇的提出要求各地按照扁平化、柔性化、网络化等要求，重组乡镇事业站所，以公共服务为导向，构建起开放、富有弹性的乡镇政府机构，努力将管制型、汲取型的事业单位建设成向“三农”提供基本公共服务的且按照社会化与市场化改革目标转型的组织结构。随着乡镇机构改革的深入推进，各地区按照农村工作的实际需要，陆续将“七站八所”的政府组织架构转向“三办一所”“三办三中心”“一办三中心”等其他形式的新型政府组织架构。

在实践中，各地区虽然根据不同实际需要在政府机构的具体设置上略有不同，但总体上遵循了“大部制”的政府机构改革思路，尽量做到“精简机构”，强化政府服务职能。一般而言，乡镇机构改革后，新型的政府组织结构都会设置 1～4 个综合管理机构，如设置党政综合办公室，负责乡镇党委、政府、人民代表大会、政协等日常工作，设置综合维稳办公室，主要负责基层法治宣传教育、处理矛盾纠纷和维护社会稳定等；原先属于“七站八所”的职能则以设置社会服务中心、卫生与计划生育服务中心、政策法律服务中心、安全生产与环境保护中心等事业单位的形式来承担。

此外，工商、税务、邮电、交通、公安等其他领域仍由上级政府垂直管理或设置派出机构。值得注意的是，在上述乡镇政府的机构改革中，政务服务中心作为乡镇机构改革的重要成果被人们所普遍接受。政务服务中心是在我国行政审批制度改革背景下产生的公共服务模式，乡镇政务服务中心作为处理农村基层群众各项具体事项的最重要平台，在政府部门协同服务、规范政府行为、推进政务公开、主动接受群众监督等方面发挥着重要作用。

总体而言，就目前乡镇的机构运行状况来看，较之过去“七站八所”的政府组织结构，新型的乡镇组织结构打破了各个部门之间的界限，在减少机构重叠、职能交叉，推动“一站式”服务，提高政府效能等方面发挥了重要作用。但同时也出现了一些新问题。

例如，尽管新的政府组织结构形式将过去分散在多个部门的政府职责统一整合到了一个大的政府机构中，但相关工作的开展却仍旧是相对独立的。“大部制”的制度设计反而造成了工作上的不便，部分乡镇出于工作的需要，继续保留此前站所的牌子、公章、账号，仍旧按照“七站八所”的组织方式开展分工。这一“换汤不换药”的做法暴露出乡镇地区尚未完全摆脱

“七站八所”政府结构的制约，同时也表明乡镇机构的“大部制”改革并非机构撤并和组织调整那么简单，它同样关涉各个部门之间的组织协同与合作治理。

此外，受上级政府部门归口管理的影响，县市等上一级政府的职能部门为了推动本部门的工作，往往要求乡镇设置相应的对口机构，并将其纳入对乡镇政府的绩效考评标准。这一现象实际上也反映了我国当前县市政府机构改革滞后于乡镇政府机构改革的问题。鉴于此，乡镇机构的进一步优化调整首先应当摆脱上级政府对政府机构设置的过度干预，杜绝县市一级政府以任何形式和手段要求乡镇设置相应的对口机构。同时，也要树立服务型政府的改革理念，加快县市一级政府的行政体制改革，保证乡镇机构改革与县市一级政府机构改革的协同推进。

目前，乡镇的组织结构调整面临着机构精简和负担过重的问题。一方面，实现政府治理体系与治理能力现代化，要求加快推进我国政府从“全能型”政府向“有限型”政府转变，从“管制型”政府向“服务型”政府转变。鉴于此前乡镇大包大揽、机构臃肿、人浮于事、效率低下的状况，简政放权，精简乡镇机构，严格控制政府规模和人员编制一直以来是乡镇机构改革的重点工作。另一方面，基层社会事务日益复杂化，乡镇的工作任务日益繁重，现行的政府机构设置和人员配置在公共服务供给中捉襟见肘，致使乡镇不得不通过制度外的途径和手段来扩充机构人员。

受上述两方面因素的影响，乡镇的机构改革及人员配置始终未能破除“精简—膨胀—再精简—再膨胀”的桎梏。按照此前制度设计的初衷，乡镇政府的机构改革与其职能调整和权力下放应当同步进行。缩减机构规模而不调整政府职权并仍旧延续过去大包大揽的做法，势必导致乡镇政府规模无限扩张。而乡镇的职能调整和权力下放既不可能一蹴而就，也不会一劳永逸，其必然经历一个与乡镇所处的农村社会环境渐进互动的漫长而复杂的过程。

乡镇职能调整的总体思路是将不必由乡镇承担的职能剥离出去，交给社会，由社会自身的力量来提供。然而，乡镇事业站所承担的功能既有行政性质的，也有市场经营的，还有社会公益性质的。

从理论上看，将不同职能属性的事业单位进行分流改革，政府的归政府，市场的归市场，社会的归社会，合情合理，且理所当然，但在实际中，受不同社会发展阶段、财政能力、地域特征的影响，乡镇事业单位改革相当复杂。其难度和阻力很大，例如，如果有财政支持，归政府的较为容易，市场化或社会化还需要配套的政策支持，一些事务部门只有在经济基础较好、社会组织发达的城镇地区才能被社会承接，而在经济基础较差的地区，单独将其推给社会，必然会出现公共服务供给上的真空。因此，乡镇机构及相关职能的调整务必与其所在的社会发展水平相一致。

此外，市场化、社会化不仅需要政府引导以及政府机构设置的调整，更需要调动社会力量，鼓励社会力量积极参与，融入市场资本和社会资本。否则，乡镇政府机构改革可能使改革的负担从行政体制内转移至社会，同时又导致乡镇政府公共服务能力的下降。

二、重塑公共财政管理体制

财政是国家治理的重要支柱，也是制约乡镇政府公共服务能力的最重要因素。从乡镇公共服务能力的构成来看，乡镇的财政能力构成了乡镇公共服务能力的物质基础，是形成其他各项公共服务能力的前提，因而深刻影响着乡镇公共服务能力的总体水平。

乡镇公共服务供给职能的实现以及公共服务能力的提升均离不开乡镇财政的大力支持，而建立和完善公共服务型财政管理体制是提高乡镇财政服务能力，建立服务型乡镇，保证各项公共服务有效供给的内在要求。所谓公共服务型财政管理体制，是指以提供公共服务、实现基本公共服务均等化为目的和导向的政府财政管理体制，它要求政府在财政的汲取、配置、使用和监管等各个环节秉持服务本位的理念和原则，体现政府财政的公共性。

在乡村振兴背景下，针对当前乡镇服务型财政支出不足、财政制度不合理等问题，以公共服务型财政管理体制为目标，推进政府事权、财权相匹配，优化财政支出结构，扩大财政转移支付，重塑乡镇公共财政管理体制，是提升乡镇公共服务能力的关键。

（一）建立财权与事权相匹配的公共财政制度

财权与事权不匹配，不仅制约着我国乡镇财政管理体制改革的总体进程，还是造成当前乡镇财政能力和公共服务供给水平整体不足的重要原因。鉴于乡镇财权不足而事权过多导致的诸多不利影响，建立和完善公共服务型财政管理体制，首先需要通过合理划分各级政府的事权和财权，实现乡镇财权与事权的统一，逐步建立与事权和财权相匹配、相适应的财政管理制度。

财权与事权不匹配、“事权大、财权小”的财政分配格局不只是县乡政府之间的个别问题，而是存在于我国整个政府行政系统的共有现象。因此，解决财权与事权不匹配问题，应当立足于我国整个政府行政系统来分析。

就财权与事权的相互关系来看，按照财权与事权相匹配的要求，财权的分配应当根据各级政府承担的具体职责来划分。换言之，一级政府承担多大的公共服务职责（事权），就应当具备与之相匹配的财政支配权限（财权），即“以事权定财权，以财权保事权”。然而，从目前的实际情况来看，当前我国各级政府之间职责定位模糊混乱，事权划分不清、划分不合理等现象普遍存在，严重影响了政府公共服务供给的效率。鉴于上述情况，根据“财由事定、权随事走”的原则理顺地方以及基层各级政府在公共服务供给中的事权和职责是划分财权的前提。

关于各级政府事权的划分，目前人们普遍接受的观点是，社会福利类的公共服务事项应主要由中央人民政府承担，如养老保险、最低生活保障、失业救济、社会抚恤等，财政支出责任应划归中央人民政府，由中央人民政府统一支付可以节省行政成本，提高政府服务效率；服务保障类的服务事项，如住房性保障、基本医疗卫生服务、义务教育、基础设施建设等，应当采取中央财政和地方财政共同承担的方式；发展建设类的服务事项，如文化娱乐设施等，由地方政府来承担，有利于发挥地方政府的积极性和主动性，根据不同地区的现实状况和实际需求来提供公共服务。

受现行行政体制和政府治理结构的影响，上级政府受自身利益的驱动，对控制下级政府的财权具有强烈的内在冲动，政府自身的这一主观“偏好”往往导致事权的不断下移和财权的不断上收。推动各级政府财权、事权相匹配，要求在整个政府系统中使“事权上移”和“财权下移”协同推进。

所谓“事权上移”，就是明确各级政府的事权和支出责任，减轻乡镇政府在基层工作中的负担。具体而言，就是参照上述政府在基层公共服务供给中的职责分配标准，将应当由上级政府承担的各项事权从乡镇的服务权责体系中剥离出去，由各级政府共同承担农村服务供给职责，进而使不同层级的政府在公共服务供给中形成责权明确的分工合作关系。

所谓“财权下移”，就是通过转移支付等形式，根据县乡所承担的具体职责，赋予两级政府相匹配的财政支配权限。但需要注意的是，事权和财权的划分是一个复杂的过程，并牵涉政府各个方面关系的调整。所谓事权，是指政府从事公共事务中应当承担的任务职责以及所具备的公共管理权力。其包含“职责”和“权力”两个方面。因此，基层政府的事权上移务必保证权责对等，防止权力上移而职责不变。

就财权而言，应当将政府的财权和财力区分开来，财权包括收支两个方面的权力，即政府募集财政收入的权力（税权和费权）以及政府支配财政收入的权力两个部分。而财力则主要是指政府可支配的财政收入，财力建立在政府支配财政收入权力的基础上。按照学者刘尚希的观点，政府事权和财权相匹配，实际上是指政府承担的职责与其所能支配的财政收入权力相匹配。

因此，实现乡镇事权与财权相匹配，并非要求乡镇具备税权，而主要是指乡镇支配财政权力的提升。

在乡镇建立财权与事权相匹配的公共财政制度，要求重新审视始于 21 世纪初并且一直延续至今的“乡财县管”的管理体制。当前学术界普遍认为，在乡镇改革的背景下，“乡财县管”的财政政策改革和布局有利于县一级政府对乡镇财权的监管和统一规划，避免公共财产的浪费。但是，“乡财县管”的财政制度设计只是对乡镇财务监督不足的权宜之计。实践证明，“乡财县管”的初衷是为了促进乡镇从汲取型向服务型政府转型，而实际上却造成了乡镇财政能力和公共服务能力的弱化。

从简政放权和乡镇治理现代化的宏观趋势来看，调整“乡财县管”的乡镇财政管理制度，赋予与乡镇事务权相匹配的财政权力是乡镇财务管理制度的必由之路。而在具体的操作中，则应当遵循因地制宜的原则，充分考虑乡镇所处的农村基础环境和发展条件。具体而言，在经济发展水平落后、人口“空心化”严重的地区，应进一步完善“乡财县管”的财政管理体制，通过县级政府的财政支持，加强乡镇公共服务能力建设。而对于经济发展状况较好、具有较强的经济实力和管理能力的乡镇，则应当扩大乡镇政府的财政自主权，建立一级较为完整的乡级财政体系。

（二）优化乡镇财政支出结构

财政支出结构，是指政府用于不同领域的各类财政支出在总的财政支出中所占的比重。财政支出结构能够较为直观地展现出政府在各个领域的财政支出状况，以及政府在不同阶段和时期的工作重心，因而也从深层次上体现了政府行政活动的基本属性。加强公共服务能力，建立服务型乡镇以及完善公共服务型财政管理体制，同样要求乡镇的财政支出结构以公共服务供给为核心目标。

就目前我国财政收支的实际状况来看，各级地方政府仍然属于“吃饭财政”和“建设财政”，与公共服务导向的公共财政体制还有很大差距。所谓“吃饭财政”，又称为“养人财政”，是指用于解决政府供养人员的吃饭问题而产生的开支，主要包括财政供养人员的工资、奖金、各项福利以及公务人员的办公费用等。在一些财政吃紧的乡镇，用于行政管理的费用过高，“吃饭财政”占据了绝大部分财政资源，除去维持政府正常运转和支付公务人员工资的支出之外，没有多余的资金发展民生事业，严重制约了农村公共服务事业的发展。

此外，在一些经济欠发达地区，受发展型政府和县乡“压力型体制”的深刻影响，招商引资、项目投资，服务当地经济发展仍然是乡镇财政的首要任务。以经济建设为导向的“投资建设型”乡镇财政体制仍占主流。这一状况导致乡镇经济建设支出在总的财政支出中的占比过高，在财政总量相对稳定不变的前提下，公共服务资金往往被经济建设、社会维稳等生产性质的财政支出侵占，而真正用于公共服务开支的经费所剩无几。

建立和完善服务型乡镇政府财政体制，提高乡镇政府将公共财政用于农村公共服务供给的能力，要求乡镇政府将财政支出的重点从招商引资、投资建厂转向医疗卫生、文化教育、基础设施建设、公共安全等与基层群众利益密切相关的民生领域。为确保地方政府供给能力，必须调整财政支出结构，努力实现“吃饭财政”“建设性财政”“投资性财政”“政绩性财政”向以“公共服务”为导向的公共财政制度转变。

这意味着政府财政不能以生产性开支为主，而应该以社会转移支付、福利支出等公共产品的供给为主。具体而言，在实践中应进一步规范和削减“三公经费”开支，减少政府日常办公费用支出，降低政府运营成本，在降低经济建设支出在公共财政中所占比重的同时，不断提高公共服务支出在乡镇财政中所占的比重，变“吃饭财政”为“民生财政”。通过政府财政转移支付以及其他政策扶持等手段，提高医疗卫生、社会保障、环境保护、基础设施建设等民生领域的公共服务项目开支和资金投入。

此外，乡镇财政支出结构的优化离不开乡镇角色和职能转变的同步跟进。在乡镇的职能定位方面，应当从观念上明确乡镇在基层工作中是创造利益，而非追逐利益，是分配利益，而非争夺利益。鉴于此，政府应退出私人产品的生产领域，尽量减少乡镇财政对竞争性领域的资金供给，进一步减少乡镇对企业的直接投资；在企业的发展中由直接支持转向间接引导，将经济工作的重心放在经济发展的软环境建设方面。通过调整财税政策、产业发展政策等手段，激活创业就业的主动性、积极性，规范和完善市场制度，优化经济发展环境，促进乡镇产业振兴。

（三）完善省级以下财政转移支付

财政转移支付最早由英国著名经济学家庇古（A. C. Pigou）在其《公共财政研究》一书中提出，主要是指政府将部分财政资金无偿地转移给居民、企业或其他受益者所形成的财政支出。在我国，财政转移支付表现为政府间的财政转移支付，主要是指中央人民政府对地方政府纵向的财政转移支付。政府间财政转移支付包括一般性转移支付（无条件转移支付）、专项转移支付、体制性转移支付等多种形式。在现代国家治理中，财政转移支付是各个政府之间财政在初次分配基础之上进行的二次分配，是国家平衡各级地方政府财力，弥补财政区域性分布不均衡，实现区域间均衡发展的重要手段。

在当前城乡收入差距显著的背景下，完善财政转移支付制度，能在一定程度上缓解地区因财政收入不足造成的财政困难，对实现城乡基本公共服务均等化、维护社会公平正义具有重要意义。我国基层公共服务事业的发展实践表明，地区获取国家和地方各级政府的财政转移支付越多，其在基本医疗卫生、文化教育、基础设施建设等民生领域的表现越好。

提高乡镇的财政能力，建设服务型财政体制，应加大财政转移支付力度。目前我国财政转移支付存在着结构不合理、财政拨款不规范、转移支付级次过多、转移支付效果不明显等问题。

针对上述现象，笔者提出以下解决措施。

一是应当适度扩大地区的财政转移支付规模，优化转移支付结构，壮大乡镇财力。针对一般性转移支付规模过小、专项转移支付规模过大的问题，应以公共服务为导向优化财政转移支付结构，进一步扩大一般性转移支付规模和比例，简化和归并种类繁多的专项转移支付项目，逐步建立以一般性转移支付为主、专项转移支付为辅的财政转移支付制度。

二是优化财政转移支付的层级，我国行政体制分为多个层级。受“五级财政”的影响，财政转移支付的层级过多，使基层财政运转困难，对于公共服务建设来说是“杯水车薪”。而缩减财政转移支付的层级，不仅有助于避免上级政府对基层专项转移支付资金的截留、挤占和挪用，还有利于降低政府财政的运行成本，提高政府运行效率，规范财政转移支付制度的实施。因此，可以通过中央人民政府及省级政府将转移支付直接支付给县级政府，县级政府的转移支付直接对接乡镇等方式，推进财政层级的扁平化改革。

三是鉴于当前乡镇过度依赖上级财政拨款的状况，还应当拓展乡镇的财政收入来源，努力让乡镇财政做大做强。乡镇各项服务经费来源过度依赖上级政府的转移支付，不仅导致乡镇财政在具体的工作中捉襟见肘，还造成了乡镇干部为争取上级转移支付资金拉帮结派以及“设租”和“寻租”等问题。鉴于此，在加大对乡镇财政转移支付力度的同时，还应当通过企业捐赠或社会组织资助等形式，扩大和规范乡镇公共服务财政的筹资渠道，提高乡镇的资源汲取和配置能力，缓解乡镇政府对上级财政的过度依赖，实现公共服务项目资金来源的多元化。

四是除了上述措施之外，还应当不断完善财政转移支付的法律法规，加强对财政转移支付的监管力度，提高专项转移支付资金分配使用的科学性、公正性和效益性。

（四）完善乡镇的财务管理制度

完善乡镇财务管理制度，是构建公共服务型财政管理体制，落实乡村振兴各项方针政策的重要保证。在乡村振兴背景下，新一轮乡村建设必然伴随着各级政府对农村地区财政转移支付的大力支持，支农、惠农资金的大量涌入，同样考验着乡镇的财务管理能力。就目前来看，由于缺乏相关制度的约束，部分乡镇财政资金使用的随意性较大，财政财务管理不规范、不健全，财政预决算不科学且流于形式，导致财政使用低效以及财政资源严重浪费的现象普遍存在。因此，应当从乡镇财政的预算管理、监督机制、人才队伍建设、国库集中支付等方面着手，逐步建立起规范、科学、高效的乡镇财务管理制度，提高乡镇政府的财政预算和支出能力。

首先，应当进一步加强对乡镇财政的预算管理，特别是加强对用于公共服务建设的财务预算管理，建立制度化、规范化的财政预算管理体系。预算管理是加强对政府财政监管的首要环节，做好乡镇财政的预算管理，有助于从源头上防范政府财政风险，提高财政运行质量。如何通过建立以基本公共服务为导向的政府预算管理体系，强化政府预算对公共支出决策的约束与引导作用，提高公共服务和公共产品供给水平与供给效率，是提升基层公共服务能力的关键。因此，应加强乡镇预算约束，强化预算执行，规范经费支出，严格监督管理，严禁乡镇举债，防范和化解债务风险，保持财政收支平衡。在预算的编制、审批、执行、调整、决算等各环节严格把关，提高乡镇财政预算的科学性、合理性和可操作性。

其次，进一步加强对乡镇财政运行的监管，建立全方位的乡镇财政监管机制。具体而言，一是进一步完善和落实乡镇财务公开制度，明确财务公开的时间、内容、形式和具体程序，提高乡镇财务收支的透明度，保证财务公开的真实性，加强对乡镇财政使用过程的监督。通过基层群众参与财务监督等形式，保障人民群众的知情权和监督权。二是充分发挥乡镇人民代表大会对乡镇财政的监督和审批职能，加强监督，探索人民代表大会代表参与乡镇财政预决算的制度化渠道。三是建立健全财务审批的责任追究机制，按照“谁审批、谁监管、谁担责”的原则，明确财务决策和财政执行责任，规范专项财政转移支付审批，明确乡镇财务运行的具体流程。四是扩大乡镇财务监管部门的职权，保证财务监管的效力，定期对乡镇财务的预算及执行状况进行审计和考核，依法依规严厉打击个别乡镇干部侵吞、挪用公款的行为。

再次，应加强乡镇财务干部队伍建设，定期开展乡镇财务人员的业务培训和绩效考核，增强乡镇干部的财务履职能力，建立一支专业化、高素质的乡镇财政干部队伍，提高乡镇财务管理部门的管理水平和工作效率。

最后，进一步完善乡镇国库集中支付制度。所谓“国库集中支付”，是指以国库单一账户体系为基础，在支付款项时，由预算单位提出申请，经规定审核机构审核后，将资金通过单一账户体系支付给收款人的制度。国库集中支付将财政资金由传统的层层划拨改为国库单一账户，对财政资金从预算分配、预算拨付到收款人账户实行财政直接全过程监督、控制，有利于规范资金拨付渠道，强化预算执行力度，提高财政资金的使用效益。乡镇国库集中支付是加强乡镇财政监管，建立以公共服务为导向的公共财政体系的重要内容，对于规范乡镇的财政资金支付行为，提高乡镇财政资金的运行效率，促进财政资金安全、高效、透明运行等具有推动作用。

三、加强服务人才队伍建设

从人这一主观要素来看，人才振兴是乡村振兴的关键，同时也是提升乡镇公共服务能力，提高基层整体服务水平的关键。乡镇公共服务能力建设最终都要落实到具体履行各项公共服务职能的乡镇干部及一线工作人员身上。而乡镇干部及一线工作人员的思想观念、精神状态、态度偏好、素质能力等主观要素，深刻影响着乡镇服务职能的发挥。提升乡镇公共服务能力，同样考验着乡镇工作人员的服务意识、服务态度、服务技能、服务手段以及服务专业化水平等。乡镇干部及普通职员的公共服务能力作为乡镇公共服务能力的最直观体现，直接决定了乡镇公共服务能力总体水平的高低。

目前，我国乡镇政府的服务人才队伍建设存在着人员结构不合理、晋升机制不完善、福利待遇水平低、人才流失严重等一系列问题，严重制约着乡镇工作人员服务能力的提升。鉴于此，在乡村振兴背景下，依托乡村振兴中的人才振兴战略，完善乡镇的各项人才制度机制，加强乡镇服务的人才队伍建设，稳步提高乡镇干部及普通职员的服务能力和整体素质水平，是提升乡镇公共服务能力的当务之急。

（一）提高乡镇工作人员的公共服务意识

在乡镇的日常运转中，受“官本位”“管本位”等传统思维观念的影响，一些乡镇的形式主义、官僚主义、享乐主义、奢靡之风盛行，严重制约了乡镇服务职能的发挥。鉴于此，加强乡镇的人才队伍建设，要先从观念上消除传统落后的政治文化和思想的影响。树立公共服务意识是乡镇政府公务人员履行公共服务职能，做好一切其他公共服务工作的前提。这需要乡镇政府以党建为引领，加强乡镇干部的思想政治建设和党风廉政建设；充分发挥乡镇党委领导核心作用，夯实党在基层的执政基础，把党的政治领导、思想领导、组织领导、作风领导作为提升乡镇公共服务能力的根本保证；破除乡镇政府内部“官本位”的权力观、“管本位”的行政观、“唯 GDP（国内生产总值）论英雄”的政绩观等一系列错误思想观念；以全心全意为人民服务为宗旨，在乡镇干部队伍中牢固树立以人为本、执政为民的服务理念。

1.破除“官本位”的权力观

所谓“官本位”，即“以官为本”的社会权力结构以及一套与之相应的价值取向。在实际的基层政治生活中，“官本位”表现为基层干部以当官、做官作为人生追求的价值取向。“官本位”的权力观导致人们形成“唯官是从”“唯官是尊”的错误观念，因此要增强乡镇政府工作人员的公共服务意识，破除“官本位”思想的错误影响，要求乡镇工作人员从思想观念上明确自身的服务者角色，树立以人为本的公共服务理念，以基层社会的公共利益为行动导向，以满足基层群众的现实需要作为自己的使命，努力实现从“官本位”理念向“民本位”理念的转变。

2.化解“管本位”的行政观

所谓“管本位”，即“管理本位”，指以政府管理、管制为中心的行政观念。以服务理念取代管理、管制的传统思维观念，要求明确政府的服务职能定位，重塑乡镇的公共服务角色，逐步实现从传统的“治理者”身份到“服务者”身份的转变，在公共服务的供给思路上改变过去“方便政府管理”的做法，转向以“方便群众生产生活”为目的，注重政府服务供给的实际效果。在政府的日常工作中坚持公平、公开、公正、廉洁、高效的服务原则，强化乡镇工作人员的服务意识，从注重“管制”的治理手段转向以服务、参与、引导、协调、监督为主的现代治理手段。

3.摒弃“唯GDP论英雄”的政绩观

树立以公共服务为本位的服务行政理念，要求乡镇干部转变以经济建设为中心的错误发展观念，将政府的工作重心从以经济建设为重点转向以公共服务为导向，注重政府在民生领域的工作，将为社会提供优质高效的公共服务作为乡镇行政的首要任务。在政绩观中，从关注经济增长数据转向医疗卫生、文化教育、环境保护等公共服务和民生领域的竞争。

4.树立依法行政的法治观

全面推进基层政府依法行政，推动乡镇干部从“人治”观念转向“法治”观念，树立以维护农民合法权益为核心的法治理念，是增强政府服务意识的内在要求。在日常工作中，应当明确乡镇领导干部的具体职责，完善乡镇领导干部的行为准则和规范，及时铲除官僚习气、特权意识、圈子文化等不良作风对基层党员干部的影响，时刻警惕“家长制”和“一言堂”等乱象，净化基层政治生态。

（二）完善乡镇的人才引进机制

在我国城镇化不断提速的背景下，大量人才向城市地区的单向流动，造成乡镇优秀人才流失严重。在经济状况一般的偏远地区，由于留不住人才，乡镇政府缺编、空编的现象普遍存在。乡镇人力资源短缺导致其在公共服务供给过程中人手不足，甚至无人可用，成为当前制约乡镇服务能力建设的瓶颈。

加强乡镇服务人才队伍建设，离不开完善的乡镇人才引进机制。破解乡镇人才流失难题，解决乡镇人才资源短缺问题，关键在于，在保持城镇化总方向不变的前提下，通过完善乡镇的人才引进渠道，建立健全有利于各类人才向乡镇流动的政策支持体系，改变过去人才从农村向城市单向流动的局面，进而促进城乡人才的双向流动。这就需要以国家大力实施乡村振兴战略为契机，完善乡镇的人才引进机制，做好吸引人才、留住人才、发展人才的各项工作，努力实现城乡融合的人才流动格局。

首先，按照城乡融合发展的思路，建立健全城乡、区域、校地之间人才培养合作与交流机制。在实践中，应采取灵活、富有弹性的乡镇人才引进和选拔任用制度，以及短期与中长期相结合的支农下乡方案，为大学生提供多样化的选择；产学研相结合，逐步构建大中专院校、国有企业等政府企事业单位对口支援基层的长效机制。

其次，拓展基层公共服务人才的来源和渠道，积极鼓励引导高层次管理和服务人才服务乡镇，破除户籍、地域、身份、学历、人事关系等制约人才流动的障碍性因素。降低乡镇一般岗位的申请资格和准入门槛，允许符合要求的公职人员回乡任职；吸纳本土人才，充分发掘和利用基层本土干部在公共服务供给中的优势；注重从本地成长的、与当地群众有深厚感情的政府职员中选拔乡镇领导干部；加大从优秀村干部队伍中招录乡镇公务员和事业编制人员的力度，提高乡镇公务员的招录比例，通过扩大录取量，充实乡镇队伍，减少乡镇缺编、空编现象；保证乡镇干部队伍的稳定性和工作的连续性，明确基层岗位的最低服务年限，并严格控制乡镇人员在服务年限内的借调与外调。

最后，通过输送新鲜血液，优化乡镇人员组织结构。一是针对年龄结构偏大的问题，积极引进有理想、有抱负、高素质的青年人才入职乡镇，促进干部队伍的年轻化。以培育本土人才兴乡、服务在外人才返乡、动员社会人才下乡为重点，大力培养、凝聚、举荐一批在乡村大施所能、大展才华、大显身手的青年人才。二是针对当前“干部多，工作人员少”的“官兵倒置”现象，要严格限制乡镇领导的职位数量，严禁超职位数配备领导干部，增加非领导职务在乡镇人员中的比重。三是针对文化结构偏低的问题，应当进一步加强社会工作人才队伍建设，逐步建立起一支高水平的基层社会工作服务团队，提高乡镇服务队伍的文化水平和专业化水平。四是推进实施专家服务基层计划，积极鼓励高等院校、科研院所等事业单位专业技术人员通过在乡镇或事业单位兼职、挂职、离岗任职等途径深入基层，开展公共服务活动；充分发挥各类专家学者在产业规划、农业技术支持、法律建设以及医疗卫生、社会保障、文化教育等公共服务领域的专业优势，提高乡镇服务供给的总体水平。

（三）完善乡镇的人事管理制度

乡镇人事管理制度与乡镇工作成员的日常工作联系最为密切，因而对乡镇公务人员的影响也最深刻。当前，部分乡镇人事管理仍存在着诸多不足，导致基层干部及普通职员缺乏工作的积极性，严重制约了乡镇公共服务能力的发挥。加强乡镇政府的人才队伍建设，需要进一步完善乡镇的人事管理制度。具体而言，包括以下几个方面。

第一，改善基层工作环境，提高乡镇工作成员的待遇。乡镇公务员薪酬低、工作环境差、工作压力大，是基层留不住人才的主要原因。因此，应逐步提高乡镇公务员的待遇，在交通、通信、医疗、办公、住房等方面给予倾斜，通过物质激励增强对优秀人才的吸引力。针对经济发展落后、距离城市地区偏远、工作环境艰苦的地区，应当落实乡镇工作补贴和艰苦边远地区津贴政策，在相同级别的基础上将乡镇干部及基层公务员的待遇提高一个级别。此外，还应根据乡镇实际状况，妥善解决编外人员的编制问题，逐步消除编制内和编制外“同工不同酬”的现象，使编外聘用人员享有编制内人员同等的待遇。

第二，应进一步加强对乡镇公务人员的日常管理。按照《党政机关事业单位工作人员日常管理细则》的规定，严格执行工作、考勤、病事假等制度，督促乡镇干部在岗在位，坚持从严管理。建立“一人一档”的台账式工作管理模式，对每一名乡镇公务人员的思想品德、工作作风、专业技能、健康状况、群众满意度等各项指标进行立档。对工作人员的缺勤、迟到、早退、离岗、外出、请假、休假等情况进行详细记录，作为年度考核的重要依据。

第三，拓展乡镇干部特别是基层青年干部的晋升渠道。完善乡镇事业编制人员岗位聘用、职级晋升和职称评定方面的倾斜政策。首先，针对当前乡镇干部晋升渠道单一，干部待遇只与职务挂钩的状况，应进一步落实县级以下机关公务员职务和职级并行制度，将公务员经济待遇的分配主要由职务决定转向主要由职级决定，强化职级对经济待遇的决定功能。其次，针对县以下公务员职务与职级脱钩的状况，提高与职级相关的待遇。

第四，稳步推进基层干部及普通职员减负工作，创造更有利于乡镇干部工作就业的内部环境和外部环境。通过精简文件和会议，简化检查、督查、考核事项，改变当前“文山会海”、考核过频等状况。严格控制“一票否决”事项，将乡镇干部从烦琐、低效的事务中抽离出来，让他们有时间和精力投入公共服务供给和社会事业。

第五，改进乡镇服务人员的绩效评估和奖惩措施，建立以能力和贡献为导向的评价机制。通过打破基层“铁饭碗”的传统观念，引入乡镇公务员的竞争和淘汰机制，通过对不称职的干部进行末位淘汰，引起基层公务员危机感，增强政府工作人员的竞争意识。在人事管理中对新老干部和普通职员一视同仁，破除“论资排辈”的落后观念，保持乡镇干部队伍的活力。采取精神嘉奖与物质激励相结合的方式，完善乡镇公务员的激励机制，激发乡镇一线工作人员的服务热情和工作热情。

第六，加强对基层乡镇干部的绩效考评和监督问责，在乡镇人事管理中，严防地缘、血缘、业缘等人情因素对乡镇人员引进、任免、晋升、调配等人事管理的影响。建立健全任期目标管理责任制，完善责任追究制度，避免因形象工程，政绩工程造成的资源浪费；落实乡镇干部的责任终身制，因乡镇干部决策失误导致的损失，应明确具体责任；严厉打击基层乡镇干部违法乱纪的行为，通过约谈、通报批评、责令整改、引咎辞职等方式，对懒政怠政、不作为或乱作为的乡镇干部进行问责追责。

（四）做好乡镇公务人员的教育培训工作

加强乡镇服务人才队伍建设，离不开基层教育培训工作。教育培训是提升乡镇公务人员服务能力最直接、最便捷的途径。就目前来看，我国乡镇教育培训工作存在着培训目的不明确，培训内容单一趋同，针对性、实用性不强，培训过程流于形式，培训效率不高等一系列问题。虽然各地政府在乡镇教育培训工作中做了大量工作，但就总体效果而言，当前的教育培训工作没有实质性地改变乡镇公务人员服务能力不强的现状。在一些乡镇，干部教育培训走过场、搞形式的现象严重，一些地区以干部教育培训和实地考察之名公款吃喝、公款旅游，不仅对乡镇公务人员素质的提升无益，还造成基层有限资源的浪费。因此，应定期开展政府公务人员的培训工作，建立科学合理的乡镇教育培训体系。

首先，将乡镇干部教育培训工作纳入市、县干部教育培训总体规划。将乡镇干部教育培训经费列入县乡两级政府的年度财政预算。加大乡镇公务员教育培训制度、资金、组织、人才等方面的投入，引导优质教育培训资源向乡镇延伸倾斜。完善农村基层公务员教育培训的软硬件设施，落实乡镇基层公务员和乡镇党员干部培训的相关规章制度，使乡镇干部教育培训专业化、规范化、制度化。

其次，在培训内容的设置方面，应紧跟时代步伐，不断更新、丰富和拓展教育培训的内容。除了政治、经济、历史、文化等领域的基础知识之外，还应当将互联网、人工智能、新能源、新材料等新知识、新思想纳入培训体系，开阔乡镇干部的视野，提升其科学人文素养；在公共服务领域，加强对政府服务行政基本理论和价值理念的学习，将公共服务的具体知识、技能、方法、手段作为培训的重点。此外，还应当充分发挥政府公务人员在乡镇教育培训过程中的积极性、主动性，坚持按需施训的原则，在必要的基础性培训知识之外，由政府公务人员决定培训的具体内容，为乡镇干部或普通职员提供最迫切、最需要的公共服务知识和技能。

再次，创新教学模式，采取“请进来”与“送出去”相结合的教学方针。一方面，充分发挥基层党校和党员活动室等在教育培训中的载体和平台作用。利用大中专院校的智力优势，邀请不同领域的专家学者下基层，开展系统的授课教学。在实践经验领域，应邀请先进乡镇单位的干部或工作人员交流服务经验，指导基层服务工作。另一方面，有组织地开展乡镇干部外出实地调研和学习交流活动；完善乡镇干部交流轮岗制度，有序推进乡镇之间、乡镇与县级机关之间的干部交流。此外，采取灵活多样的教育培训手段，改变传统“满堂灌”的单向封闭的课堂教学模式，综合运用讲授式、研究式、案例式、模拟式、体验式等教学方法，提高教学和培训的质量。针对不同类别的干部量身定制不同的培训方案，实行差别化、个性化培训；充分利用互联网等渠道整合教学资源，通过电化教学、多媒体教学、远程教学等多种教学方式，建立起多渠道、多样化的教育培训体系。

最后，进一步完善教育培训管理制度。监督乡镇教育培训工作的落实情况，规范教育培训中的考勤和考试制度，在培训结束后及时对乡镇干部的学习情况进行考查。按照“一人一档”建立干部教育培训档案，将受训干部的学习表现、考勤状况、培训成绩纳入干部年度绩效考评体系，作为选拔任用和奖惩的重要依据。通过政策引导和支持，督促乡镇工作人员主动学习，推动学习型党组织和基层政府组织建设，在政府内部形成主动学习服务知识和技能的良好风气。

四、完善公共服务供给机制

乡镇公共服务供给机制，是指乡镇在为农村提供各项公共服务产品时所凭借的一整套完整的方式、方法和程序的总和。通过公共服务体制机制创新促进乡镇公共服务的有效供给，是加强政府服务能力建设的内在要求。目前，乡镇公共服务能力建设面临着制度机制建设滞后的现实困境。相关制度机制短缺，制度机制供给的有效性不足，造成公共服务供给的非制度化运行，并制约乡镇公共服务能力的提升。换言之，公共服务供给体制机制不健全，是造成我国基层公共服务总量不足和结构性失衡的主要原因。鉴于此，建设服务型乡镇，提升政府的公共服务能力，必须从公共服务供给的民意聚合、决策执行、回应以及绩效评估和监督问责等各个环节入手，重塑政府的公共服务供给机制，加强公共服务供给的体制和机制建设。

在公共服务供给中坚持以群众为本位的原则，发挥人民群众的主体地位，引导人民群众积极参与。这需要在建立和完善公共服务供给体系过程中，打通基层群众参与公共服务的渠道，将群众参与嵌入民意聚合、决策与执行、监督与评估等公共服务供给机制的各个环节。

（一）建立健全公共服务需求表达机制

公共服务需求表达是指社会公众通过各种制度化的途径或渠道，将自身的服务需求反映给公共决策机构，以期得到公共部门回应的过程。公共服务需求是社会公众利益的直接体现，公共服务需求表达的过程实际上就是公民表达自身利益诉求的过程。公共服务供给是由公共服务受益者的需求所决定的，准确把握基层群众的公共服务需求，是做好公共服务供给工作的首要环节，是实现公共服务精准供给的基础，也是提高乡镇公共服务能力的基本要求。

目前，虽然一些地区尝试通过各种方式建立起乡镇与基层群众之间良性的沟通表达渠道，但就总体而言，部分地区公共服务需求表达机制的建设仍较为滞后，基层群众利益诉求无处表达、无效表达的现象仍旧存在。

打通基层群众的利益表达渠道，保证公共服务供给与需求的充分对接，需要结合当前国内外民意表达的实践经验，从多角度入手，建立健全人民建议征集制度、重大事项听证制度、重要会议旁听制度，以及人民代表大会代表、政协委员反映情况和建议的“直通车”制度等，逐步建立起多层面、全方位的公共服务需求表达机制。

具体来说，主要包括以下几个方面。

一是进一步完善乡镇人民代表大会制度。充分发挥乡镇人民代表大会代表在民意表达中的“上传下达”功能，激活并落实乡镇人民代表大会的提案权、监督权、质询权等各项职权，针对各项公共服务供给事项代表基层群众积极主动地发表意见或建议。通过设立人民代表大会代表工作日、人民代表大会代表工作室等制度形式，加强乡镇人民代表大会代表与农村基层群众的联系，及时将基层群众的公共服务需求反映给乡镇。

二是进一步完善乡镇干部驻村工作制度。定期召开包片干部与村委会主任联席会议，进一步落实乡镇领导干部接访下访制度，开设镇长热线电话、电子信箱、镇长接待日等，使乡镇干部联系服务群众常态化。通过乡镇干部主动到群众中去的方式，深入调查和了解基层群众反映的各类矛盾和问题，认真听取“村两委”和基层群众针提出的意见和建议，为公共服务供给决策提供参考。

三是通过定期召开咨询会、座谈会、听证会等多种形式，拓宽乡镇与基层群众的协商沟通渠道，搭建政府与基层群众良性互动的制度化平台，形成制度化的群众利益表达途径。

四是做好基层信访工作。信访是基层群众特别是弱势群体向基层政府反映问题和困难的重要渠道，往往能反映基层人民群众最关心的利益诉求。应当进一步完善基层信访制度，做好基层信访接待工作，发挥信访制度在表达人民利益诉求和解决群众实际问题中的重要作用。

五是进一步加强基层党组织建设，充分利用基层党组织在人民群众中的优势地位，贯彻落实党的群众路线，践行“从群众中来，到群众中去”的工作方法，发挥基层党组织在密切联系群众、聚合群众利益诉求方面的作用。

六是积极培育农村社会组织。社会组织较之个体化的公民具有较强的参与能力和表达能力。充分发挥各类群众组织、人民团体在扩大群众参与、整合群众利益、反映群众诉求中的重要作用，有助于提高群众公共服务需求表达的组织化水平，减少个体无序、无力参与的情况，保证公共服务供给有序进行。

（二）规范多元参与的民主决策机制

公共服务决策在整个公共服务供给过程中居于核心地位，是乡镇为农村社会和基层群众提供各项具体公共服务的关键环节。公共服务决策是否科学合理，直接决定了决策及执行结果能否满足人民群众的利益诉求。受传统政府决策机制的影响，当前我国乡镇的决策模式仍未摆脱政府内部封闭式的决策方式。决策权力高度集中于党政“一把手”，农村基层事务由乡镇长、乡镇党委书记或个别领导干部决定，乡镇垄断整个公共服务决策过程，而将与之密切相关的基层群众排除在公共决策之外。

实践证明，在造成公共服务供给水平滞后的诸多因素中，政府决策失误造成的影响最为严重，其对社会稳定的负面影响也最为显著。一直以来，创新政府决策方式，推进政府决策科学化、民主化，努力实现科学决策、民主决策，始终是政府治理转型的重要内容。但从实际效果来看，一些乡镇干部虽然高度认同执政为民、服务于民的政府治理理念，但对公众参与民主决策活动仍较为排斥。目前，推动公共服务决策民主化仍是提高公共服务供给水平的主要方向。

提高公共服务水平，应当从优化基层群众参与决策的方式入手，形成多元主体共同参与的民主决策机制。

一是健全乡镇的日常议事规则和内部决策程序。在处理基层日常事务时，坚持问政于民、问需于民、问计于民的工作方针，以定期邀请群众代表参加政府常务会议的形式，积极鼓励基层群众及群众组织主动参与公共服务具体方案的制订和执行过程，为当地公共服务事业的发展建言献策。

二是建立和完善重大事项听证制度，规范听证的内容、范围以及决策流程。听证制度是保证居民各项政治参与权利，提高政府公共决策合法性的重要途径。针对涉及与辖区内基层群众生产生活密切相关的重大公共服务建设事项，乡镇应当主动召开重大事项听证会，广泛征集基层群众的意见和建议，由全体居民或基层群众代表对公共服务供给方案进行表决，使公共服务决策真正反映基层群众的现实需要；针对听证过程中基层群众的意见或质询，乡镇应当及时予以回应，以避免听证过程流于形式。

三是建立和完善公共服务决策公开和公示制度。决策公开以及决策结果公示作为政府政务公开的一个方面，是推动政府公共决策民主化的重要内容。政府决策公开要求政府向社会公众公开意见征集、方案设计、决策过程及结果等各个环节。推进政府决策公开，应当通过政务宣传栏、广播、报纸、新闻媒体报道、网络直播等各种途径，及时公布公共服务决策的相关信息，第一时间让群众知晓决策结果，落实乡镇重大决策出台前向本级人民代表大会报告制度和向社会公示制度，提高乡镇公共服务决策的公开透明度。此外，针对基层群众和人民代表大会代表就决策结果提出的问责和质询，乡镇应当及时作出解释和回应。

四是推进协商民主实践，发挥协商民主在政府决策中的作用。协商民主是促进公共服务决策民主化的重要手段。应结合当地实际情况，在充分借鉴国内不同地区推进协商民主实践经验的基础上，探索协商民主在农村公共服务供给决策中的有效实现形式，依托协商民主，拓宽基层群众参与公共服务决策的渠道。

五是建立健全重大决策专家咨询论证制度，广泛征询专家意见，发挥专家学者和政策咨询机构在政府服务决策中的作用。针对一些覆盖面广、影响较大的公共服务提案，应当成立专门的专家咨询委员会，参与重大公共服务方案的设计规划，并就公共服务事项的内容、程序、预选方案、责任主体、执行手段、成本预算等一系列具体议题进行评估及可行性论证，提高公共服务决策的科学性、合理性。

（三）建立服务导向的绩效考评机制

建立健全政府绩效考评机制，对于完善公共服务供给，提高乡镇的公共服务效率和服务质量具有重要的推动作用。在当前的政府绩效评估体制下，乡镇绩效考核指标体系不合理、考核主体单一、考核方式落后等问题较为突出，致使乡镇公共服务能力薄弱，公共服务供给总量严重不足。特别是以经济增长和社会稳定为核心的政府绩效考评机制仍占主导地位，使一些乡镇地区的公共服务建设被长期忽视。进一步完善乡镇公共服务机制，推动乡镇基层工作重心从经济建设向公共服务转移，需要从乡镇绩效考评的指标体系、评估主体、评估模式等要素入手，以公共服务为导向，改革当前政府绩效评估机制，逐步实现经济发展导向型的绩效评估方式向公共服务导向型的绩效评估方式转变。

首先，从政府绩效评估指标体系的设计来看，应进一步优化绩效评估结构，提高公共服务的地位，增加公共服务供给在乡镇绩效评估指标体系中的权重，构建以服务为导向的绩效评估体系。一方面，通过取消地方政府对乡镇生产总值增长总量、经济增速、招商引资等各项经济数据进行排名的做法，弱化经济发展指标对政府绩效评估的影响，逐步实现以经济建设为核心内容的绩效评估体系向以公共服务为主导的绩效评估体系转变；另一方面，政府绩效评估指标体系的设计在关注公共服务供给结果的内容、数量和质量等一般性指标之外，还应当通盘考虑服务供给过程的成本收益、效率效益、合法依规、公平公正等问题，建立多维度、全方位的绩效评估体系。此外，鉴于不同地区的差异化、多样性特征，政府绩效评估指标不应“一刀切”，既要把握不同乡镇在推动公共服务事业发展方面的共同需要，又要根据不同乡镇的具体情况，综合考虑不同经济发展水平和资源禀赋乡镇之间的差异，建立科学的、差异化的乡镇公共服务绩效考核评估体系。

其次，从政府绩效考评的主体构成来看，一直以来，省、市、县等各级地方政府作为乡镇的上级组织，负责乡镇及乡镇干部的绩效评估工作，而广大基层群众却很少参与到乡镇的绩效考评之中。与其他评估主体相比，基层群众作为公共服务的直接受益对象，对公共服务的具体结果感受更深。建立以公共服务为导向的政府绩效考核评估机制，要求乡镇政府让基层群众参与乡镇公共服务绩效的评估过程，使政府绩效评估主体从以政府为中心转向以社会为中心。此外，还应引入第三方评估机构，提高政府绩效考核的专业化水平，确保乡镇的绩效评估更加科学合理；引导多元考核主体的参与，逐步形成政府自我评估、上级政府评估、社会公众评估、专家评估等多元主体共同参与的政府绩效评估格局。

再次，就政府绩效考评的方式方法和具体流程而言，当前政府系统内部自上而下的单向考核方式，不仅使乡镇养成“唯上是从”的工作作风，还导致公共服务流于形式。建立以服务为导向的政府绩效评估机制，不仅要关注公共服务供给的量化指标，还要注重其服务群众的质量和实际效果。针对公共服务的具体实施情况，基层政府应当定期开展公共服务满意度调查，将群众的满意度纳入乡镇干部的绩效考评指标，逐步建立起自上而下和自下而上双向结合的公共服务绩效评估机制。在满意度测评中，可以引入企业服务质量管理的方法，建立政府政务“好、差评”制度，通过群众为政府服务打分的方式促使政府提高公共服务水平。此外，规范政府绩效考评的具体流程，实现乡镇工作和乡镇干部绩效考核的归口管理，逐步简化政府考核流程，减少绩效考核次数，推行一次性综合考核，尽量减少考核工作对乡镇日常工作的影响，提高政府绩效考核效率。

最后，就政府绩效考评的结果而言，应当逐步减少“一票否决”的政府考评事项。将设置“一票否决”事项的权限上移至省一级政府，未经省政府批准，不得对乡镇设置“一票否决”事项。此外，还应发挥政府绩效评估的正向激励作用，改变过去重奖励、轻惩罚的奖惩机制，做到“奖罚并重”；通过创建公共服务示范乡镇等方式，对在公共服务建设事业中表现良好的乡镇予以表彰，充分调动乡镇在农村公共服务建设事业中的主动性、积极性。

（四）完善上下互动的监督问责机制

任何权力的规范行使都离不开对权力的监督和制约。在公共服务供给过程中缺乏对公共权力的监督和制约，往往造成权力“寻租”现象，也会造成有限服务资源的极大浪费。在基层，对乡镇行为的监督不足、监督疲软一向是困扰基层治理转型的难题。因此，在当前国家倡导简政放权和扩大乡镇各项服务管理权力和职能的背景下，应进一步优化和完善对乡镇权力特别是乡镇“一把手”的监督问责机制，防止权力下放和监督不足造成的乡镇腐败行为。

完善公共服务供给机制，要求各地区坚持体制内监督和体制外监督相结合的原则，建立起上下互补、内外联动的监督问责机制。

具体而言，包括以下几方面。

1.进一步完善和落实基层立法

监督问责机制的完善离不开法治工作的强力支撑。应加快制定乡镇的权力清单和责任清单，明确乡镇的各项权力和行为边界，规范政府权力的运行方式。通过完善法律法规，明确政府监督问责的范围、内容、方式、程序等；使监督问责制度化、程序化、规范化，使乡镇在公共服务供给决策中有法可依、有法必依。

2.进一步完善政府信息公开制度

政府信息公开是加强对乡镇监督，减少基层干部滥用职权的前提性措施。完善政府信息公开制度，要求乡镇在公共服务的决策、执行和评估等环节进一步推进党务、政务、财务公开。从当前的实际状况来看，地方各级政府在信息公开方面做了大量工作，取得了一定的成果。政务公开不仅要求公布政府的机构设置、干部信息、政府决策、财务等信息，更需要在政府与社会之间形成完整的协作沟通机制。

3.进一步加强政府系统的内部监督

明确政府监督职责，加强县一级政府对乡镇的监管力度。调整监管机构与其他政府部门的关系，弱化同级政府机构在人事、财政等方面对监管部门的制约，落实县乡两级政府行政监察机关和审计机关的监督权力。同时，应不断提高监管人员的整体监管水平，在基层政府建立起一支高素质、专业化的监管队伍。此外，还应充分发挥乡镇人民代表大会在公共服务供给中的监督作用，保障乡镇人民代表大会代表的揭发、检举、质询等各项监督权力。

4.加强群众监督

基层群众在政府监督中的缺位，是导致基层干部在公共服务供给中弄虚作假、以权谋私的重要原因。应建立法治化、制度化的群众监督渠道，保障基层群众的各项监督权利，鼓励基层群众参与到公共服务供给的监管中来。进一步完善群众监督的激励和保护机制，对敢于揭发、检举基层干部滥用职权、以权谋私的村民予以表彰。通过典型效应，在基层形成勇于监督的社会氛围。此外，还应充分发挥新闻媒体在社会舆论监督中的重要作用，形成舆论监督的社会效应。

5.进一步完善全面长效的责任追究机制

按照“谁决策，谁主管，谁负责”的原则，增强乡镇干部的责任意识，规范和落实行政首长问责制度和重大决策责任终身制，依法依规对个别乡镇干部不作为、乱作为行为进行问责。

第四章　乡村振兴背景下农村公共服务组织体系的构建

第一节　乡村振兴背景下农村公共服务的主体职能

一、政府主导

现代各国公共服务的职能都不是由某一级政府独自实现的，需要不同层级政府的分工合作来共同完成。农村公共服务同样如此，它需要不同层级的政府划分职责，共同承担农村公共服务职能。因此，发挥各级政府在农村公共服务中的具体作用，首先得明确不同层级的政府在农村公共服务中的不同职责，职责明确了，才能各司其职，共同促进农村公共服务的发展。

（一）农村公共服务职责划分的原则

农村公共服务职责是指政府在农村公共服务中承担的任务和责任。当政府决定提供什么公共服务之后，就需要考虑应该由哪一级政府来承担相应的责任。一般来说，农村公共服务分为三个方面：一是全国性的公共服务，二是地方性的公共服务，三是跨区域的公共服务。那么，应当依据什么原则或标准来区分全国性的、地方性的或跨区域性的农村公共服务呢？

1.受益原则

受益原则是指根据公共服务的受益范围来确定政府之间的职责划分。如果一项农村公共服务的受益范围是全国性的，惠及全国民众，或者事关国家整体利益，就属于全国性公共服务，应由中央人民政府提供；如果受益是区域性的，则由受益的地方政府提供或以地方政府提供为主。

2.溢出效应原则

溢出效应原则是指根据农村公共服务产生效应的溢出面大小来确定是否需要中央人民政府或上级政府调整。例如，在本地受到农业技能培训的农民移居外地，将使移居的外地受益，即享受了溢出效应，却没有为此付出任何成本，成为“搭便车”者，而相对于提供这种服务的地方政府而言，它承担了全部成本，却没有得到全部收益，因而需要上级政府或者中央人民政府矫正溢出效应，如对支出了成本的地方政府提供相关的财政补助等。

3.区域均等化原则

区域均等化原则是指在一国范围内应使不同地区都能得到大致相同的农村公共服务。区域均等化的农村公共服务，有助于减少农民的收入差距，促进社会公平。但地方政府没有收入再分配的能力，也不可能用本地区的财政收入为其他地区支付服务成本，所以要求中央人民政府通过税收和补助或转移支付的形式来实现全国农村公共服务的均等化。

4.职责与财力相匹配原则

职责与财力相匹配原则是指根据政府在公共服务中承担的职责（事权）来进行财力配置（财权），使职责与财力相匹配，以保持该级政府的收支平衡。这里的财力配置，可来自政府间收入比例的划分，比如税收分成比例，也可来自上级政府的财政补助和转移支付。

5.中央控制原则

中央控制原则是指中央人民政府应对地方的农村公共服务施加必要的调控和规范，这种调控和规范既有政治的考虑也有宏观调控和公共政策一致性的考虑，防止地方政府与中央人民政府的不协调。

6.法治原则

法治原则是指政府间农村公共服务职责的划分和调整应有法律依据。依法规范政府间对农村公共服务的分工，为各级政府正确履行职责提供严格的权威性的法律依据，减少不同层级政府之间的矛盾冲突，提高农村公共服务的有效性。

一般来讲，不同层级政府对农村公共服务的职责划分可按下列步骤进行：第一，可根据受益或分权的原则，区分什么是全国性的，什么是地方性的，对中央人民政府和地方政府的专有职责作出初步界定。第二，可根据溢出效应、区域均等化和中央控制的原则，区分哪些地方性农村公共服务仅仅靠地方政府是不够的，还需要中央人民政府的干预与参与，进而确定中央人民政府和地方政府的共有职责。在职责分工方面，这类服务通常由中央人民政府负责提供资金，地方政府负责具体执行。第三，可根据职责与财力相匹配的原则，尽量使每一级政府农村公共服务的支出与其收入相匹配。第四，可根据法治原则，在法律上对比较明晰和成熟的政府间农村公共服务分工作出正式界定，使各级政府依法履行各自的职责。

（二）各级政府在农村公共服务中的职责划分

按照上述原则和程序，根据我国农村现状，笔者对从中央人民政府到地方政府在农村公共服务中的职责划分提出以下建议。

1.确定各级政府农村公共服务职责分工的基本框架

对各级政府在农村公共服务中的职责划分，一要明确，二要正式。所谓明确划分，主要是指既要有程度之分又要有内容之别，既要明确分工也要明确合作，防止模棱两可、上下错位、权责不一等问题；所谓正式划分，主要是指以法律、法规或规范性文件作出正式的界定，确保职责划分明确无误，防止经常变动、随意性大等问题。

从我国的实际情况出发，目前各级政府职责分工的基本框架如下。

中央人民政府的专有职责包括：农村社会安全，农村社会保障，农业重大科研与基础研究，电力能源供应，农村邮政，全国公共广播电视网络，农村义务教育，大型农田水利设施，重大疫病防治等。

地方政府的专有职责包括：包括医疗保健，农村道路交通，农业基础设施，供水供电，供气、排污、垃圾处理等公用事业，消防，农业技术推广与研究。

中央人民政府和地方政府的共有职责包括：公共教育和医疗体制建设，区域公路和区域公共交通，土地使用管理，自然资源管理，区域安全，灾害救助，农业生态和农村环境保护，公共卫生，基础科研，社会福利，扶持救济。

2.明确各级政府对农村公共服务的支出责任

第一，增加中央人民政府对农村基本公共服务的支出比例。农村公共教育、医疗卫生和社会保障是基本的民生问题，也是最基本的公共服务问题，中央人民政府应承担大部分支出。

第二，强化中央人民政府和省级政府对实现农村公共服务均等化的支出责任。以省级政府为标准，制定农村公共服务的最低标准，由中央人民政府和省级政府对相对落后的地区实行转移支付或进行财政补助，使之达到最低标准。

第三，强化县级财政，形成农村公共服务以县为主的机制。大量的农村公共服务必须以县为主，为此，必须改变相应的财政体制。目前，大量的农村公共服务工作都由县级政府承担，但县级财政力不从心，县级财政在财政税收中占的比例太少，应该加大改革力度或通过转移支付的形式，增加农村公共服务项目的支出比例，使县级财政能真正承担起服务责任。

3.逐步实现农村公共服务职责划分的法治化

要逐步完善有关职责划分的规范性文件，明确划分各级政府的具体职责，并以法律法规的形式固定下来，为各级政府的农村公共服务职责提供法律依据，从而走上职责明确、规范有序的法治化轨道。当然，从目前的现状看，法治化的道路还比较漫长，但这是一个发展趋势，各项工作都必须跟上这一趋势，边实践边规范，边规范边实践，一定能探索出一条适合中国农村公共服务的法治化道路。

（三）提高县乡干部的公共服务能力

农村公共服务的主要责任者是县级政府，乡镇政府是主要的落实者和具体操作者，因此提高县乡干部的公共服务能力，是提高农村公共服务水平的关键。笔者认为，提高县乡干部公共服务能力要从以下几个方面着手。

1.增强公共服务意识

思想是行动的先导。提高县乡干部的公共服务能力，也必须先从思想认识入手。尤其是对于有着几千年封建文化传统的中国来说，增强干部队伍的公共服务意识更为重要。因此，要提高县乡干部的公共服务能力，首先得增强其公共服务意识。

（1）明确公共服务的内涵

提高公共服务意识要从明确公共服务是什么入手。一是明确政府是农村公共服务的主要提供者，非政府组织或其他工商企业社会团体不需要为农村公共服务买单。二是服务产品的范围包括纯粹公共物品、混合性公共物品（或标准公共物品）、特殊私人物品。而且这三类物品的具体界定是一个动态的过程，随着社会、时间、区域的变化可能会有差异。三是农村公共服务是政府职责。

（2）界定公共服务的范围

所谓公共服务的范围，实际上就是指公共服务产品的范围。从实践上看，公共服务的范围取决于社会成员的公共需求，农村公共服务包括四种类型：生态保护型、公共服务型、社会保障型、经济发展型。例如，社会保障、公共教育、卫生环境、疾病预防，以及充足的文化、体育、娱乐等非经营性设施等。

为了更加清晰地认识这类公共需求的性质并准确判定公共服务的范围，经济学家创立了公共物品理论。1954 年，美国经济学家萨缪尔森（P. Samuelson）归纳了公共物品在消费中的两个本质特征：一是非排他性，二是非竞争性。该理论成为公共物品理论研究领域的经典理论。但是，在现实中还有许多萨缪尔森的理论不能完全包容的特殊公共物品，所以后来的公共选择学派代表人物布坎南（J. M. Buchanan）提出了准公共物品（又称混合性公共物品或非纯粹性公共物品）理论。该理论认为这类准公共物品不全部具备萨缪尔森归纳的非排他性和非竞争性，仅仅具备其中一性，要么是非排他性，要么是非竞争性，比如道路、桥梁、一些文化设施等准公共产品就具备非排他性，但不具非竞争性。

即便如此，现实中还存在既不具备非排他性也不具备非竞争性的公用事业，比如与人们日常生活息息相关的自来水、天然气、暖气、电力、电话、铁路与航空运输等，这类物品在西方由于受非公共物品理论的影响，曾经一度掀起私营化浪潮，但私营化进行得既不顺利效果也不好，一个普遍的问题是价格不断上涨，而服务质量却没有提高，甚至下降。为何这类物品不能和私人物品一样完全由市场调节呢？其根源是它们具有特殊属性，它们不同于一般的经营性产品，属于网络经营产业，其基础设施覆盖面广、不重复，以及固定成本高、沉淀性大，而且一旦建成，市场供应量越大，平均成本就越低，具有自然垄断性，比如自来水、铁路、电信、电力等。对照前面说的非竞争性、非排他性，它们好像都不是，但又好像都是，其实这正是它们的特殊属性——弱竞争性、弱选择性。

在市场经济条件下，主要是靠生产商之间的平等竞争和消费者的自由选择来实现和维护消费者利益的。如果一个产品因为自然因素而排斥市场竞争和市场选择，那么，把它完全交给市场，显然就会损害消费者的利益。因此，这类产品就不能完全由市场调节，政府必须将其生产和供应列入自己的公共服务范围。

由此可见，公共服务范围就是公共产品，包括社会秩序、市场秩序、法律制度、环境保护、公共教育、公共卫生等准公共产品（或称混合性公共产品）；道路、桥梁、港口、公共文体娱乐设施、森林、牧草等公共资源性物品；特殊的私人物品，如自来水、电视、电话、天然气、电力等。

（3）认清公共服务的意义

现代社会，公共服务的作用越来越大，因此各国政府都非常重视公共服务。在我国，发展公共服务的意义主要有以下几点。

首先，发展公共服务是转变政府职能的必然要求。农村公共服务是县乡政府的主要职能，必须进一步强化。

其次，发展公共服务是践行党的宗旨的应有之义。党的宗旨是为人民服务，虽然我们讲的公共服务与为人民服务是不同的概念，但是只有充分地履行公共服务的职能，才能真正贯彻为人民服务的宗旨。

最后，发展公共服务是构建和谐社会的重要举措。构建和谐社会，政府就必须为广大公民提供便利的公共服务，也只有良好的公共服务，才能促进社会和谐。

2.致力解决民生问题

提高县乡领导干部的公共服务能力，笔者认为重点是要致力于解决民生问题，因为民生问题永远是公共服务的重点内容。要善于了解广大农民最现实、最直接和最关心的问题是什么，并从这些问题抓起，抓出成效来，让群众满意，从而真正提高县乡政府及其领导干部的公共服务能力。

（1）正视目前农村公共服务中存在的问题

目前，由于部分县乡政府公共服务意识普遍不强，农村公共服务存在诸多不容忽视的问题。

第一，政府的管理和监督不到位。参与公共服务的主体除政府外还有非政府公共组织，比如公用事业单位以及有关工商企业。除政府外的各种市场主体，它们参与公共服务的动机、能力以及提供的公共服务质量有很大差异。然而，一些政府部门将市场化改革和社会化改革当作一种推责任、卸包袱的方法，疏于管理和监督，对公共服务中存在的问题听之任之，使公民利益受损，得不到政府保护。

第二，重投入轻效益。一些政府部门开发某项公共服务，提供某个公共产品，受不当政绩观的影响，往往不计成本，很少考虑投入产出率。这种不计成本、不重绩效的倾向，导致政府公共服务成本偏高。

第三，盲目扩建公共服务项目。有的一味扩大政府的直接投入，超出政府财力的承受能力，造成骑虎难下的局面；有的为了快出政绩，大举兴建超出本地财力能力的政绩工程。

第四，对上负责有余，对下负责不足。在公共支出、政绩考核、干部奖惩等方面都是上级说了算，公众是否满意、是否认可往往起不了决定性作用，导致公共服务群众满意度不高。

第五，公共服务产品提供结构性缺位。随着我国市场经济的发展，市场主体、社会主体、利益主体日趋多元化，多元化结构要求政府提供的公共服务也应与之适应。可从现实情况看，许多现代社会所需要的政府公共服务未能及时跟上，如农村老龄人口服务、受困群体服务、信息服务等都存在政府缺位现象。

第六，政府与社会组织的关系仍未理顺。事业单位依然主要由政府举办，社会组织官办色彩较重，公共服务意识不强。在资金来源上，事业单位和非政府公共部门的收入构成，主要是政府资助，其次是服务性收费，社会赞助和捐赠只占很小一部分。政府提供资助，给谁不给谁，给多给少，没有严格的标准和法定程序，随意性很大，不利于社会组织公共服务意识和质量的提高。

（2）牢固树立以公众为服务导向的意识

第一，以公众的期望决定公共服务的目标。人民群众迫切需要解决的问题就应该成为公共服务的目标，这就要求我们的县乡领导干部，经常深入群众、深入农村，想农民之所想，急农民之所急。

第二，以公众的需求决定公共服务的内容和方式。公共服务的具体内容，一定要紧紧盯住民生问题，解决好与老百姓息息相关的疑难问题，以人民群众最易接受的方式开展公共服务。

第三，以公众的满意度来衡量公共服务的成效。公共服务的好坏，应该由接受服务的公众来考量，而不应该是领导说了算，或凭个人好恶办事。

第四，以公众的评价决定公共服务的变化方向。社会在进步，公共服务内容也必须随之不断改进，要以人们的公共利益为出发点。

（3）瞄准重点民生问题，突出解决难点

随着人们生活水平的提高和需求的多样化，对公共产品和公共服务的品种、种类、数量和要求越来越高，而政府的能力是有限的，不可能承担无限的责任，包揽一切。这就要求县乡领导干部从以下方面着手。

第一，以民生问题为重点，突出解决难题。民生问题牵涉老百姓的衣食住行，是民众最为关心的问题，必须重点解决，比如目前的看病贵、保障缺、服务少的问题。

第二，完善体制机制，始终关注民生问题。公共服务是政府的重要职能，民生问题也应该始终成为农村公共服务的重要内容。而解决民生问题，县乡政府的能力有限，各级政府应完善体制机制，发挥政府的主导作用，以关注民生、满足民众为标准，建立新型的公民、政府和市场之间的联系与交往方式，构建充满竞争力和活力的公共服务体系，寻求政府、市场、社会在公共服务领域，特别是在民生问题上的均衡点，建立公共服务供给的多中心体制和互补机制。

3.坚决做到依法行政

现代社会是法治的社会，提高县乡干部公共服务能力就必须依法行政。一切公共服务都离不开法治精神的指引。社会秩序的建立，生产与生活的正常化，交换与交往的可持续性等都源于法治。从人类社会治理模式的发展历程来看，法治是一种效果较好的社会治理模式，与以权力为基础的权治相比，法治在社会秩序的获得方面更为有效。因此，只有依法行政，才能真正提高公共服务能力。

（1）要依法行政首先必须依法“治官”

从行政权力来源看，行政权源于国家权力，而国家权力又源于人民权力的让渡。但在这一让渡过程中却出现了权力的“异化”现象：在人民让渡的国家权力中让渡出来的国家行政权要有效地对国家和社会进行管理，必须有法定的“自由裁量”空间。然而，有了这些“自由裁量”空间，由于行政权的行使者，要形成政府能力或追逐私利，就使得政府的行政权如同一把双刃剑。政府的行政官员如果能运用好法律去驾驭行政权，就会成为纵横驰骋、造福社会的千里马，否则就会成为横冲直撞、危害社会的脱缰野马，使权力形同暴力。因此，对法治的威胁，主要来自握有行政权力的政府及其官员，而非来自其他组织和个人，所以说，依法行政的核心是治权、治官、治政府而非治民。

（2）要依法行政必须建立新型监督机制

哲学家孟德斯鸠认为，从事物的性质来说，要防止权力滥用，就必须以权力约束权力。当前，在我国影响政府行为法治化和规范化的主要因素有：“人治”思想和缺乏有效监督的行政首长负责制，造成权大于法的现象；长期以来依靠行政手段、用行政命令管理国家的习惯方式；金钱人情重于法律的不正之风和腐败现象；地方保护主义、部门保护主义、行业保护主义；行政“自由裁量”权变形，行政权力效应失衡和滥用权力现象。

要解决上述问题，促进政府行为的法治化，必须从机制入手建立和完善新型的监督机制。

第一，要建立健全规章制度。例如，行政执法责任制、行政管理公示制、行政评议考核制、行政损害赔偿制、行政公开采购制等，因为监督的关键在于建制。

第二，要强化和完善国家权力机关和司法机关的法律监督机制。国家权力机关要进一步完善立法，严格执行《中华人民共和国各级人民代表大会常务委员会监督法》等法律法规，进一步强化各级人民代表大会对政府的个案监督，完善诫勉、罢免等制度。同时，要进一步加强法院和检察院的司法审判和法律监督作用，加强对公务员的失职、渎职以及利用职务之便违法犯罪的审判和检察力度，严惩国家公务员的违法犯罪行为，以保证公共服务健康、有序。

第三，大力强化和完善政党监督、舆论监督和群众监督机制。完善纪检制度，比如垂直管理、重视发挥民主党派的民主监督作用，创造条件充分发挥新闻舆论的有效监督作用，打通各种渠道，发挥人民群众的监督作用，采取得力措施保障人民群众的检举、控告、投诉权利，保障人民群众的人身和财产安全。

4.全面推行阳光行政

阳光行政即透明行政，是指政府掌握的个人与公共信息向社会公开。推行阳光行政意味着两种特权的丧失：一种是政府难以继续保持“神秘感”或者说“神圣感”；一种是利益分配公开化之后，不再有传统的暗箱操作。这两种特权的丧失，有利于避免行政行为的异化，有利于提高公共服务能力。

阳光行政是我国政治体制改革的要求。实践证明，许多腐败问题的出现都是因为缺乏透明度，重大的公共设施建设工程、国家预算、公共资金的使用、项目的审批等基本信息隐而不告，给社会带来极大的职务犯罪及徇私舞弊风险。随着经济体制改革的进一步深入，人们对民主政治的呼唤越来越强烈。特别是公共服务，牵涉面广，没有公开、透明的工作机制就容易滋生腐败，因此必须全面推行阳光行政。

（1）办事规则公开

县乡政府担负着农村公共服务的首要职责，必须公布各部门的办事规则、办事程序，各部门的职责、权限等，让公民特别是农民对政府的职责、职能一清二楚，减少老百姓寻求政府解决问题的盲目性。

（2）信息资源的公开

信息资源与政府信息公开是公共服务的必然要求。人类已经从工业社会进入信息社会。有学者曾经进行了一项研究，在信息不对称的情况下交易双方以及市场所面临的选择和后果，结果表明：掌握信息的一方能从市场交易中获得更多的利益。实际上，这样的事例在我国的行政管理中比比皆是，政府机关及其工作人员的官僚主义、低效率、执法不严与其他不正之风等，往往可以从政府信息不公开与不对称中找到原因。在传统体制下，个别政府机关及其工作人员可以通过行政权力直接牟取利益，不需要从垄断的信息中进行“寻租”或者商业化运作。随着依法行政原则的推进和逐步规范，依靠权力“寻租”的成本和风险会越来越大，而依靠信息“寻租”的诱因会慢慢增多。而在现实生活中这种趋势早已出现，甚至某些政府机关之间的信息封锁和信息垄断都早已存在。

（3）政府决策的公开

著名的社会学家韦伯把权力的合法性基础划分为合法、传统、魅力等三类，由此形成三种不同的权力统治类型：合法型统治、传统型统治、魅力型统治。而魅力型统治的基础在于服从具有魅力素质的领袖本人，从而具有典型的人格化特征。人格化权力的特点是权力不受程序的制约或无程序可循，领袖和重要的权力精英的行为方式和人格因素对决策起关键性的作用，从而也就缺乏透明度。对于这种权力统治类型更应该强调政府决策的公开化，推行阳光行政，以有效提高公共服务能力。县乡干部在农村公共服务中尤其要注意与农民有关问题的决策，一定要实行公开政策。使农民理解决策的依据、决策的理由，从而统一思想、统一行动，不至于出现因不理解而反感甚至反抗的情况。

（4）行政行为的公开

改变传统的行政行为方式，实现政务公开。传统的行政行为以行政权力行使的秘密性和内部性为特征，易滋生“暗箱操作”、信息“寻租”等腐败现象。虽然最近几年县乡政府在信息公开的制度建设方面有较大进步，各地都纷纷开展了多种多样的政务公开活动，但是政府是信息资源的垄断者，信息公开的内容、范围、时间方式等都受政府控制。有关政府信息公开的法规既不全面、不规范、不系统，又缺乏强制性、约束力和可操作性，因此有必要探讨行政行为公开的具体办法，增强可操作性，依法通过大众传媒公布各项公共政策、法规、规章、条例等涉及农民生活的公共信息，让农民都享有知情权和参与权。

5.切实提高行政效率

提高县乡干部公共服务能力，就必须切实提高其行政效率和行政效能，使县乡干部从事行政管理活动所取得的劳动成果、社会效益达到最大化。行政效率和效能的高低是衡量整个行政管理活动的重要标准，具备高效的行政效率和行政效能才能在政府与社会、政府与公众之间建立良好的关系，才能真正提高县乡干部的公共服务能力。

（1）高效率的行政

效率就是成效与成本的比率。建立高效率的政府是世界各国的普遍诉求。英国政治学家帕金森（C. N. Parkinson）认为，由于官僚主义有喜欢“无事忙”和扩大下属机构从而抬高自己身份的通病，因而行政机构的人员数量总是按照一定的速度往上增长，从而增加了不必要的繁重任务和烦琐的办事程序。政府还可以利用行政立法权和行政权不断扩大自己的职能和职权范围，引起机构和人员的自我膨胀。

所谓“自我衰变趋势”是“彼得原理”所揭示的一种现象，即随着在政府等级制度中的晋升，许多人被提拔到他们所不能胜任的工作岗位上，由于这种情况在一个人职务越高的时候越有可能发生，因而对政府的政策制定和决策过程也产生了不利影响。因此，要加大县乡机构改革的力度，精简机构，裁减冗员，以提高行政效率。

（2）高效能的行政

以效率作为行政指标，仅适用于那些可以量化或货币化的公共产品或服务，而许多农村公共服务，其性质却难以界定和量化，在这种情况下，效能就成了衡量农村公共服务好坏的一个重要指标。

随着社会现代化和政治社会化的发展，政府由权力的集中代表者转变为公共服务的执行者，这就要求政府不仅要追求行政行为的高效率，更要重视政府服务的水平。此时，发展速度和政府效率逐渐降到次要位置，政府效能上升到主导地位。市场经济的发展促使公民参与社会事务的管理，经济全球化和世界范围内的民主化浪潮以及各国政府对这一趋势的积极响应，将政府的社会服务职能提高到了前所未有的高度。各国政府也都把能否向社会提供高质量的社会公共服务产品和高水平的社会服务作为衡量政府绩效的首要指标，过去单纯以数量扩张（如 GDP、经济增长率、投资规模等数量概念的扩张）为核心的政府绩效评价标准不再流行。

效能关心的是“情况是否得到改善”。从公共服务这个角度看，就是指整体状况是否改善，通常是从“质”的角度来衡量，比如农村养老保障有没有，农民福利好不好等。因此，效能是指公共服务符合政策目标的程度，通常是衡量现实与目标之间的关系，也就是说，效能关心的是“目标和结果”，而效率关心的是数量。

提高行政效能，就必须转换政府角色。在性质上，政府要从权力的集中代表者转变为公共服务的执行者；在职能上，从维护政治统治转为履行社会管理职能；在地位上，从以自我为中心到以服务社会为中心；在信念上，从“父母官”转变为承担维护社会公共秩序和代表民意的责任人。因此，县乡政府及其领导干部，要主动提高为农民提供公共产品的能力和为社会服务的水平，加强公共政策制定，保障公共产品供给，大幅度提高公共服务能力。

6.严格实行责任追究制度

提高县乡干部的公共服务能力，离不开严格的考核评估乃至责任追究制度，没有考评，人们就分不出优劣，而没有追究，也同样不会引起高度重视，从而无法提高服务水平和能力。

（1）推行绩效管理评估

在评估县乡政府及其领导干部的公共服务能力时，必须实行绩效管理评估，省市政府要将其作为一项重要工作来抓。

首先，创新评估标准。考察县乡干部，不能仅仅看 GDP 增长率，必须重点考察社会教育覆盖率、就业率、社会治安案件的破案率等，包括主要民生指标在内的农村公共服务项目指标，使绩效评估更加侧重于公共服务。

其次，创新评估办法。对县乡干部工作绩效评估要从三个方面来展开：第一，县乡政府自己的评估。政府本着对公众负责的态度，对每一项公共管理活动进行严格检验，并且必须把社会公众的利益放在首位。第二，社会中介组织的评估。要发展社会中介组织，并使之真正独立，不能成为政府的附庸或第二政府，其评估过程是开放的，程序是合法的，结果是群众信服的。当然，如果政府对某一中介组织的结果不信服，也同样可委托另外的中介组织进行评估。第三，发动社会公众公开评议政府绩效和领导干部的政绩，保障群众的知情权、选择权和监督权，让群众充当评议政府及其领导干部的“X光机”。

（2）建立行政责任追究制

有了严格的绩效评估制度，必须配套严格的责任追究制度。

首先，要严格监督机制。对县乡政府及其领导干部的公共服务或者行政行为，必须强化监督，没有监督的权力必然会导致腐败，缺乏监督的工作很难保证不走歪门邪道，所以一定要建立和强化监督体系，前文在讲依法行政的问题时，详细谈到了监督的问题，其同样可以用于责任追究，在此不再赘述。

其次，要认真追究责任。对在农村公共服务中违反有关规定不作为、乱作为，或失职渎职的县乡干部，要区别不同情况，认真追究责任，通过组织警告、责令改正、组织诫勉、扣发奖金、末位离岗、待岗、调整工作岗位、辞退等办法进行必要的组织处理，严重者要严格追究党纪、政纪责任，真正做到“违法必究，有错必改”。

最后，要使责任追究制度化、规范化、法治化，坚决杜绝忽紧忽松，搞运动、凭领导好恶追究责任的落后办法，促使县乡政府及其领导干部进一步增强公共服务意识，切实履行农村公共服务的责任，不断提高县乡政府的公共服务能力。

总之，县乡政府及其领导干部是农村公共服务的主要承担者，责任重大，任重道远。在转变政府职能，建设服务型政府的过程中，一定要统一思想，提高认识，把工作的重点和主要精力投入到农村公共服务中去。

当然，省市党委政府要为县乡政府履行公共服务职责创造条件，从而增加县级政府理财聚财、办事成事的能力，为农村公共服务提供财力保障。目前，要加大有关农村公共服务项目的转移支付力度，赋予县级政府充分的管理权，把事权与人权、财权有机地结合起来，从而切实增加县级政府及其领导干部的公共服务能力，增加农村公共服务产品，最大限度地满足农民对公共产品的需求。

二、基层自治

（一）加强农村基层党组织建设作用

实施乡村振兴战略，推进农业和农村现代化，要求农村基层党组织发挥先锋作战堡垒的作用。在农村治理实践过程中，农村基层党组织必须在中国特色农村治理中充当领导力量，行使决策职能。而当前农村基层党组织在农村基层实践中还存在先锋先进作用不够、主动积极性不高、干群关系不够密切等问题，要在乡村振兴战略视野下进行农村基层治理，就需要加强农村基层党委的战斗力，保持农村党员在特色农村建设中的先进性，凝聚和号召农民共同为实现乡村振兴目标而努力。

1.发挥党员干部的主导作用

农村基层党委是我国农村公共活动的决策者，承担着实现乡村振兴和维护农村稳定的任务。对此，农村党员干部需要在乡村振兴和农村治理中发挥先锋带头作用，积极主动地解决乡村振兴战略推进过程中遇到的实际困难，增进与人民群众的密切联系，改善党员干部与群众的不和谐关系，提升农村基层党组织号召力和凝聚力。

2.加强农村基层党委的思想、组织、政治建设

农村基层党组织是领导农村发展，动员农民参与农村治理建设实践的核心，是实现新时代乡村振兴和农村基层治理稳定发展的根本保证。乡村振兴背景下，农村基层党组织应加强农村基层党委的思想、组织、政治建设。

从思想上，加强农村基层党委的思想建设，用乡村振兴战略的科学思想指导农村干部基层治理实践，解决当前农村基层治理存在的问题，增强农村基层治理的实效性，保证乡村振兴战略目标如期实现。

从组织上，提高农村基层党委的组织能力。提高农村基层党委及党员干部处理新时代农村治理实践过程中存在的矛盾和问题的能力，引导他们面对新时代农村治理发展的机遇与挑战，从而发挥农村基层党委的组织引领优势，更好地号召和凝聚广大农民的力量，共同实现农村基层治理和乡村振兴的目标。

从政治上，提高农村基层党委的政治能力。新时代背景下，一些农村党委在农村治理过程中领导意识不足，政治能力不突出，严重制约着新时代农村基层党委在农村治理中的主导作用。因此，应增强农村基层党组织的领导核心意识，引导其为农村稳定和农民幸福贡献力量，让其肩负起实现乡村振兴的使命。

（二）培养农村社区的主体意识

主体意识的形成是社会发展的信号。当前，我国农村社区在农村治理实践过程中不断成长，在农村事务处理和协调中起着重要作用。在基层自治中，缺乏农村社区的参与，将导致农村治理结构不均衡，将对农村治理产生重要影响。如前文所述，我国社会主要矛盾已经转化为人民日益增长的美好生活需要和不平衡不充分的发展之间的矛盾。城乡人民对政治参与的诉求也随之增强，但城市发展充足、农村发展不足的现象是目前农村社区主体意识不强的重要原因。乡村振兴战略的目标就是要培养乡村社区的主体意识，优化农村社区基层治理现状，满足农民政治参与诉求，保证农村社区在农村治理中的主体地位，实现城乡融合发展。

1.尊重农民的主体地位

在乡村振兴战略的实施中，农民是乡村社会发展最直接的当事人，乡村全面振兴和中国农村基层治理持续发展需要农民的参与，要发挥农民的力量，各项乡村社会发展战略要贴合农民的实际情况。倾听农民对农村建设和农业发展问题的真实想法，关注他们在农村变迁加速的时代背景下对美好生活的期盼，坚持农村社会振兴发展时刻围绕农民最关心、与农民息息相关的美好生活需求，实现农民利益最大化，支持农村党政基层治理，充分发挥农民的主体地位；让农民参与乡村振兴建设和农村基层治理，发挥农民的聪明智慧，为乡村振兴献计献策；尊重农民，使农民与农村繁荣稳定紧紧联系在一起；培养农村基层治理所要求的具有现代知识及现代意识的农民，充分调动现代农民参与社会主义新农村建设的积极性，促进社会繁荣发展。

2.勇于创新，大胆探索

各地农村社区应打破“一刀切，全国标准化模式”的农村基层治理模式，全国有成千上万个行政村，区域与区域间存在巨大差异，全国上万个农村之间的差异就更加明显。各地需根据自身基层治理情况和农村社会发展的实际条件，结合乡村振兴战略在“产业、生态、乡风、治理和农民”等方面的要求，深挖农村基层治理资源，探索适合本地基层治理条件和有利于农村社会繁荣发展的模式。同时，允许农村基层治理主体大胆探索，只有这样才能调动农村基层治理的内生资源，实现农村基层治理创造性发展。

（三）完善农村村务监督制度

乡村振兴战略是传统农村治理向现代农村基层治理转变的重要措施。村级自治制度践行多年来，农村取得了诸多成就，但是也存在制度落后于农村发展实际情况的问题。随着改革开放的推进和城市化进程的加快，村级自治制度已然成为基层自治过程中的稳固制度，村委会也已然成为农村治理中的管理者。这种唯一主导力量虽然在一定程度上有助于提高农村治理工作效率，但权力集中往往也容易导致腐败，使当前农村治理变得复杂且极具挑战性。农村小官巨贪、微腐败、村干部权力高度垄断成为目前农村基层治理中不可避免的深层次问题。如何监督村干部，已成为人民群众关注的重要问题。

1.保证村级监督机构的合法地位

首先，制度是实施行为合理有效的保证，缺乏科学的制度就不能保证实施行为的有效性和合法性。以村务监督委员会为例，村务监督委员会是监督村委和村党委权力以及审计农村经济、决策和民主运行的农村机构。乡镇应该切实发挥村务监督委员会对村级事务的监督作用，使村民知晓其合法地位。同时，为了确保村务监督委员会有效发挥其监督职能，乡镇政府应为其提供独立办公场所和经费扶持。

其次，村级监督机构作为村级常设机构，应由村民大会选举产生，为其监督合法有效提供法律保障，促进“村两委”作出正确决策。

2.加强对村级监督机构人员培训

村级监督机构的成员必须是排除“村两委”及其亲人的人员，保证村级监督机构人员的纯洁性，保障其对各治理主体的有效监督，避免“同体监督”，使监督流于形式，确保监督有效。同时，乡镇应加强对村级监督机构人员的业务培训，帮助其学习经济责任审计、财务会计等方面的知识，提升成员的专业能力。此外，应确保监督主体有新鲜血液流进，可吸引更多大学生和文化程度高的务工者加入监督队伍。

3.提高村民文化素质

完善农村村务监督制度是建立健全农村基层民主制度，确保新时代农村基层有效治理的必要制度。应在农村成立扫盲学校和农村法律援助事务所等非营利性机构，帮助农村留守人员和村民提高文化素质，增强其识字和使用互联网的能力，提高其文化素质，保障村民合法权益。

第二节　乡村振兴背景下农村公共服务的体制与运行机制

一、农村公共服务的体制

强化农村公共服务，努力增强政府在农村的公共服务能力，不断扩大农村公共服务领域，扩大农村公共服务的覆盖面，提高农村公共服务的产品质量，满足广大农民不断增长的公共服务需求，是社会主义新农村建设的必然要求。但就目前而言，农村公共服务体制还存在许多问题，因此必须不断完善现有的体制，从而改变农村公共服务的落后现状。

（一）中央人民政府统筹，省级政府把关

中国农村面广人多，公共服务的基础差，在稳定农村、开创农村工作的新局面等方面，政府负有统筹部署农村公共服务的职责。在宏观决策、制定政策、直接投入、督促地方政府、承担应该由政府承担的公共服务责任等方面，都有十分重要的作用。以义务教育为例，这应该是一个纯公共服务产品，这种纯公共服务是地方政府特别是县乡基层政府很难独自完成的。因此，在农村公共服务的体制方面，必须明确中央人民政府和省级政府的职责，该由中央人民政府和省级政府承担的责任必须由中央人民政府和省级政府承担。中央人民政府重在统筹，关键是统筹城乡，统筹第一产业和第二产业的关系，把农村公共服务的标准、内容和财政投入政策。

此外，应确保公共服务的均等化。在一个省市自治区范围内保证农村基本公共服务的平等是省级政府公共服务的一项重要职责，必须有效行使把关权，确保农村公共服务的相对平均和本区域内的均等化。

（二）县市主管，乡镇主办

农村公共服务是一个庞大的系统工程，需要发动全社会的力量共同努力。但是，任何工作如果没有明确的责任人，就会导致相互推诿、不作为的现象，因此明确责任者就成为创新体制的关键。

笔者认为，鉴于当前的现实，应该明确县市主管、乡镇主办的领导体制。

1.县市主管

县级政府在我国的行政体制中处于承上启下的关键位置，具有十分重要的作用，特别是对于社会主义新农村建设来说，更是举足轻重，是要害中的要害。按照目前中国农村的现状，由县市级政府来统一管理农村公共服务具有必然性，所以必须明确县级政府的主管责任，明确其对农村公共管理负有的领导责任。

当然，承担责任的同时，还必须赋予其相应的权利，对县级政府进行必要的放权扩权，增强其财政实力，强化其领导与驾驭农村工作的能力。强调县、市主管并不是说省级政府毫不作为，省级政府要从宏观上领导，加强对农村工作的指导，加强对城乡发展一体化的统筹。

2.乡镇主办

乡镇政府是我国行政体制中直接面对农民的基层政府，他们应该是直接为广大农民服务的人民公仆。乡镇政府的重要职能也应该是农村公共服务和农村社会管理。因此，农村公共服务的许多工作都要靠乡镇政府主办。为此，必须明确乡镇政府的主要职责是为农民提供公共服务和在农村社区实现有效的社会管理。特别是具体的公共服务项目和公共服务产品，都需要乡镇政府组织并领导广大农民去落实、去工作或直接承办。

在强调县市主管、乡镇主办的同时，还要高度重视部门间的协作。部门协作主要指延伸在县、市由上级主管的涉农部门、宏观调控部门及其他相关部门应协助县、市政府进行农村公共服务。农村公共服务是一个复杂的系统工程，与许多部门密切相关，而目前的县、市政府对许多部门还“管不了、指挥不动”。没有他们的协作配合，许多工作难以取得应有的成效，所以明确这些部门的协作责任是十分必要的。这种协作不能停留在口头上，而是要明确具体任务，由省级政府进行统筹安排，明文规定其具体协作任务，并按期检查落实。

（三）政府主持，中介参与

根据我国农村公共服务的现状，鼓励和发展从事农村公共服务的中介组织或企业集团是完全可行的，也符合中国社会的实际情况。特别是按照党和国家统筹城乡公共管理，其使之一体发展、同步前进的精神，更应该鼓励和支持中介组织（包括城市有关企业、组织），从事农村公共服务，以促进现在还比较落后的农村公共服务迅速发展，最终形成“政府宏观管理，行业协会中观管理，企业农户微观经营”的良好协作局面。

（四）财政支持，金融扶持

农村公共服务起步晚、基础差，需要大量的资金投入，如果仅仅靠农村的自我发展肯定收效甚微。因此，必须加大财政投入，中央人民政府要建立专项资金拨付制度，而且要真正使专项资金“专”起来，绝不允许出现挪作他用，以确保农村公共事业的发展。

在财政体制上，要完善省以下财政体制，提高县乡财政的自我保障能力。同时，要进一步规范财政的转移支付制度，完善中央人民政府对地方缓解县乡财政困难的奖励办法，改革县乡财政的管理方式，具备条件的地方可以扩大“省直管县”和“乡财县管乡用”的试点，按照公共财政原则，进一步调整财政支出结构，扩大向农村倾斜的力度，努力增加农村公共产品和公共服务的支出比重。

同时，要统筹农村金融改革，切实改变农业发展资金短缺、农民和乡镇企业贷款难的问题，使农村金融成为为农民积财不聚财、发财的“聚宝盆”。进行农村金融改革，加大对农村公共管理和公共服务的金融扶持力度，加大资金投入，切实改变农村基础设施落后、公共服务产品严重不足的落后局面。

（五）城乡统筹，共同发展

社会主义新农村建设以及农村的公共服务绝不仅仅是农村工作部门的事情，也是各级党委和政府的重大任务；也绝不仅仅是农民自己的事情，更是全社会共同的责任。因此，必须充分认识到城乡统筹发展的重大意义，强化统一领导，明确职责分工，搞好协作配合，建立城乡统筹发展的工作协调机制。

鉴于目前城乡公共服务方面存在的巨大差异，必须有所倾斜，重点突出农村的公共服务，建立以工补农、以城带乡的工作机制，加快建立改变城乡二元结构的发展机制，形成统筹发展、共同进步的发展格局。各地区各部门要细化工作目标，实化工作任务，硬化工作措施，强化工作责任，切实把涉及农村公共服务的各项政策措施落到实处，切实把优质足量的公共产品提供给农村，让广大农民得到实惠、看到实利，以最快的速度、最好的效果，使农村的公共服务实现跨越式发展，以满足农民对公共服务的需求。

二、农村公共服务的运行机制

强化农村公共服务是建设社会主义新农村的重要内容。农业是安天下、稳人心的战略产业，农民是现代化的建设者和成果的平等享有者。站在这样的高度来看待“三农”问题，就能加深我们对农村公共服务重要性和紧迫性的认识。为此，必须加强组织领导，强化思想认识，不断创新农村公共服务的运行机制，为促进社会主义新农村建设贡献力量。

（一）完善法律体系，健全运行机制

农民是中国人口的重要组成部分，强化农村公共服务，为广大农民提供足额优质的服务产品是宪法赋予各级政府的职责，也是农村公共管理的主要内容。但是，我们必须清醒地看到，仅有宪法保障还远远不够。事实上，我国公共服务的相关法律法规体系还不是很完善，具体的行政规章与部门规定较多，而层次较高的立法与全面系统的法律法规很少，农村公共管理的法律体系更不完善。因此，完善农村公共服务的法律体系，规范农村公共管理工作，明确农村公共事业的性质与法律地位、职能与组织形式、设立条件与审批程序、管理体制和监管制度等，都是十分必要的。这不仅是依法行政的需要，更是新形势下进一步创新农村公共服务运行机制、建设社会主义新农村的需要。因为只有健全的法律体系，才能为运行机制提供可靠的法律保障，

运行机制也才能正常运行。

完善有关农村公共服务法律体系的工作很多，需要我们不断地研究新情况、新问题，加快立法进程。笔者认为，要统筹规划城乡公共事业的立法工作，一体推进。特别是对农村的公共服务问题，要进行专题论述，专章规范，结合农村实际情况，突出工作重点，使农村公共服务步入法治化轨道。这是健全运行机制的法律依据，也是农村公共服务的行动基础，必须首先考虑。

（二）强化制度约束，健全监管机制

农村公共服务涉及亿万农民的切身利益，影响农民的基本需求，事关重大。要做到政府在农村公共服务中既不缺位，也不错位、越位，就必须加强制度建设、法治建设，强化对农村公共服务的监管。

一是依法界定有关部门的职责。要切实把政府的管理职能转变到主要为市场主体服务和营造良好的发展环境上来：充分运用间接管理、动态管理和事后监督管理等手段，以及行政规划、行政指导、行政合同等管理方式，逐步建立起统一、公开、公平、实惠、优质的现代农村公共服务。

二是建立公开、透明的工作机制。根据中国农村的实际情况，要建立既能有效提供公共产品，又注重农民参与，使农民便于有效监督的工作机制。

三是建立、健全民主监督制度，为农村公共服务市场化、社会化提供可靠的制度保障。将事前的预防性监督、事中的过程性监督和事后的惩罚性监督有机结合起来，加大对公共服务的监督力度。

四是确保监督的权威性。要建立、健全监管制度，确保监督的独立性和权威性，以保证农村社会管理和农村公共服务公平、高效。

（三）规范服务内容，健全考评机制

农村公共服务有别于城市的公共服务，一是相对简单，二是区域差别大，三是透明度高，四是参与意识强。因此，对农村的公共服务管理必须因地制宜，明确公共服务的内容，并在此基础上建立评价与纠错相统一的考评机制。

规范公共管理和服务的内容主要是定期公布公共服务项目以及数量、质量的要求，让农民明确其可以享受何种服务，做到心中有数，以便于有效考评。

第一，要建立一套适合农村公共服务的评价指标和测量方法。农民的文化素质相对较低，测量的指标和方法要简单易行、易学、易用。指标的可操作性要强，一目了然的多，深研细算的少；具体的要多，抽象的要少。

第二，要建立绩效考核制度。对农村公共服务的考评，最重要的是要进行绩效考核，强化成本与效益核算，农民负担的成本有多少，政府承担的成本有多少，应该一清二楚，通过成本效益的核算得出基本的估价。

第三，要实行民主评议制。即由接受公共服务的农民或农民代表进行民主评议，查找漏洞。同时，要特别注意评价与纠错同步。对公共服务进行评价的同时，必须同步进行纠错，对暴露出的问题，政府管理部门要在评价中建立回应制度，及时纠正工作中存在的问题或不足，要不断改进工作、完善制度，增强农民对公共服务的信心。

第四，要推动农村公共服务考评与纠错工作的制度化、规范化，并且长期坚持，不断完善。在纠错时，要强化政府责任，推行行政责任追究制，强化领导干部的责任意识，制定配套完善的干部人事制度。

（四）创新服务主体，健全市场机制

农村公共服务事业是一件大事，也是好事、实事，但单靠政府是难以取得成效的，需要社会中介组织和企业、事业法人的介入，共同为农村公共服务这一惠民工程献计献策。

第一，要运用市场机制发展农村公共服务事业。包括建立一套适合中国农村的公共服务供给机制，建立公平、有效、足额、优质的公共服务供给模式。根据目前我国农村的实际情况，教育、医疗卫生、农业基础设施、农民社会保障等方面的公共服务是最基本的需求，政府要采取不同的公共供给战略，满足农民最起码的需求。同时，要鼓励创新，根据不同地区农民的不同需求，因地制宜地发展公共服务事业，创新服务内容。例如，技术创新、体制创新、方法创新，改善农村公共服务的供给方式和手段，不断发展农村公共服务事业，努力提高公共服务的质量和水平等。

第二，要按照市场规则创新服务主体。首先，要推进农村公共服务社会化和市场化，构建政府与企业、中介组织和社会的协作机制，形成多元化和社会化的供给格局，引导事业法人进入农村公共服务行业，并不断规范市场秩序，实现有序竞争。其次，将公共服务职能从政府职能中剥离出来，交由事业法人进行绩效管理，政府与法人分工合作，相互配合，从而提高农村公共服务的效率。最后，明确公共服务事业法人的法律地位、社会职能、运作方式等，并以法律的形式固定下来，以保障农村公共服务事业法人的合法权益。

第三节　乡村振兴背景下
农村公共产品供给机制与模式

乡村振兴背景下，构建政府、市场、社会多元配合的公共产品供给机制是当前中国农村基层治理的重要举措。农村公共产品是保障农业发展和农村基层治理正常运行的基础。此前由于农村公共产品供给不足，农村公共产品供给与农村经济发展现状不匹配，农村发展所需的农村公共产品仅仅由政府单方供给。

因此，要完善农村公共产品供给机制，坚持政府在农村公共产品供给中的主导地位，发挥市场在农村公共产品供给中的作用，增加农村公共产品社会供给，以及强化农民自我供给，形成政府、市场、社会及农民为主的多元供给农村公共产品机制。这不仅有利于降低政府成本，还有利于满足农民对公共产品的个性化需求，是农村经济发展、乡村振兴的有效途径，也是增强农民获得感、幸福感的现实选择。

一、农村公共产品的供给机制

（一）坚持政府在农村公共产品供给中的主导地位

政府在农村公共产品的供给中居于主导地位，在乡村振兴背景下，应坚持政府在农村公共产品供给中的主导地位。

第一，坚持政府在农村关键公共产品供给中的主导地位。涉及农村民生和农村重大发展的支柱产业、文化设施、生态环境的公共产品，只能由政府主导并最大化利用其价值，促进乡村振兴。民间社会组织不能为农村提供成本高、周期长的对农村发展具有深远意义的公共产品，而社会组织的特质同样决定了其不能为乡村振兴提供纯公共产品。

第二，完善政府农村公共产品供给体制。确定自上而下和自下而上相互配合的事、财、权分配职责，提高政府对有利于农村生产发展的公共产品的供给效率。此前，我国中央人民政府和部分地方多级政府在供给农业、农村、农民公共产品过程中权利、义务和职责划分不清，导致原本由中央人民政府负责供给的，却由地方实施操作，原先由地方政府供给的，地方反而不想供给，造成农村公共产品供给职责移位。因此，在当前条件下，建立良好的农村公共产品供给体制，建立中央人民政府和地方政府分级供给体系，提高政府对农村公共产品的供给效率。

第三，创造农民需求对话空间。市场经济逐利性本质决定了其只会根据市场价值偏好，不注重农民实际需求，政府有条件为农民创造对话空间和需求表达机制。基层政府应让农民表达需求，收集农民关心、重视的问题，加强基层政府与农民群众的联系，提高公共产品供给的有效性。

（二）发挥市场在农村公共产品供给中的作用

目前，政府在我国农村公共产品供给中占据着主导位置，是农村公共产品供给的主体，但政府在公共产品供给过程中并不总是万能的。在市场经济发展实践中，市场能够根据农村实际情况进行资源的优化配置，提供针对性的产品。市场主体是新时代农村供给的基本构成部分，需要发挥其作用。

1.建立健全农村公共产品市场供给机制

政府应减少市场主体进入农村的体制壁垒，正确看待市场的资源配置优点，降低进入门槛，吸引愿意向农村提供公共产品的市场主体进入农村，为农业、农村、农民提供多种发展选择。此举能降低政府投资成本，提高农村公共产品供应效率。稳定的环境是市场主体进入农村的前提，基层政府应“多一点自由，少一点干预”，但不是说基层政府就彻底放弃农村公共产品供给的主导地位，而是在恰当时机“该出手时就出手”，为市场提供一个良好的供给环境。

2.制定优惠政策，助力市场供给

政策是吸引更多市场主体进入农村的动力，让市场主体既有“盼头”，又能收获成就。争取更多市场主体进入农村，前提是基层政府要制定优惠政策鼓励市场主体参与农村公共产品供给。对愿意向农村提供公共产品的企业和个人，可通过减免、贴息、财政补贴等多种优惠政策，增强企业和私人参与供给的热情；也可让企业在有“盼头”的同时收获精神鼓励，促使企业为农村发展贡献力量。

（三）增加农村公共产品的社会供给

随着政府下放大量公共社会服务职能，越来越多的社会组织机构开始承担农村公共产品供给中的基础服务工作，使社会组织逐步登上了社会供给的舞台。社会供给也在农村发展中扮演了供给的角色。因此，应充分利用社会组织，增加农村公共产品的供给方式。

1.释放社会组织潜力，支持社会组织发展

目前，中国社会组织整体实力还偏弱，这阻碍了社会组织在农村社会公共活动中发挥其作用。政府应鼓励社会组织参与农村公共产品供给，可通过资金扶持和政策利导等措施，调动社会组织公共产品供给的积极性，释放社会组织的供给潜力。

2.完善社会组织相关制度体系，规范社会组织发展

当前，中国社会组织发挥空间有限，制度有待健全，往往会导致我国农村基层治理中公共产品供给质量低下。因此，可通过完善社会组织相关制度体系，规范社会组织发展，建立专业性社会组织，提高供给准确率，避免滥用和浪费公共产品。如果政府在必要时无法解决问题，那么社会组织便可以提供政府无法提供的公共产品。

3.引入市场公平竞争机制，突出社会供给的协同作用

当前，我国社会组织有些属于“吃财政饭”的类型，缺乏竞争意识，导致农村公共产品供给质量低。为了提高供给效率，应适当引进市场公平竞争机制，给有实力的私人社会组织提供机会，淘汰劣质社会组织，减少政府财政压力，彰显农村公共产品社会供给合力，促进乡村振兴。

（四）强化农村公共产品的自我供给

除政府供给、市场供应和社会供给外，自我供给是一种非常重要的供给方式。长期以来，依靠政府供给，部分农村形成了“等、靠、要”的消极思想，助长了一些农民懒惰和“搭便车”的心理，这对乡村振兴百害而无一利。因此，加强农村公共产品的自我供给，是完善农村公共产品的供给机制的重要方式。

1.鼓励因升学和事业成功迁入城市的农村精英提供农村公共产品

由于大部分农村精英长期居住在农村地区，具有浓厚的乡土情结，非常关心家乡的发展，乐于为家乡事业的发展出力，并且对家乡欠缺的公共产品比较了解。因此，各地政府需要大力号召乡村精英投入农村公共产品的供给中。

2.鼓励农村建立公共产品互助合作社

农民比较了解关乎自身利益的公共产品，知道自己缺什么、想要什么。目前，中国农村公共产品互助合作社的规模还比较小。因此，基层政府应该为农民发起的合作社组织提供财政补贴，制定惠民政策，让农民相互合作，自行供应公共产品，激起农村自我供给的积极性。

3.加强村委会供给

加强村委会供给农村公共产品，能加强村干部与农民之间的紧密联系，促进农村经济稳定发展。

二、农村公共产品的供给模式

农村公共服务线长面广，加上中国农村地广人稀（相对于城市），区域差别、文化差异、个体需求存在着很大的不同，这就决定了农村公共服务从根本上不同于城市公共服务（规模化、集群化）。因而，农村公共服务更适合特色化、区域化、多样化的发展方式。因此，研究农村公共服务产品的供给模式就显得尤为必要。

目前，农村公共服务应坚持政府主导下的市场供应机制，首先得明确属于政府承担的纯公共产品必须完全由政府无条件提供，不能找借口推卸责任。但是，政府提供农村公共服务产品的方式应该是多样的，不能重走政府包办的旧路，力求形成政府与社会、市场合作的多层次、多中心的公共产品供给格局。

（一）农村公共产品供给模式的类型

从目前的社会生产力和现实出发，针对不同类型农村公共产品的不同特性，农村公共产品的供给模式主要有以下几种。

1.政府直供型

政府的基本职能是提供公共产品，防范和化解公共风险。由政府直接提供农村公共产品，可有效防止因公共产品功能扭曲而导致的消极社会后果，但这种模式下的公共产品有很强的外部性，且具有效用不可分性、消费的非竞争性和受益的非排他性。

2.政府投资型

政府直接投资经营模式是我国政府长期采用的公共产品传统供给模式。这种模式不从投资项目本身的利益出发，不计较是否可对消费者收取使用费，不受私人资本数量的限制，可以通过征税来筹集资金，而且消费不受限制，其潜在的效用可以得到充分实现。但这种模式缺乏竞争压力，经济激励的动力不足，因此政府可与这些提供具体公共产品的部门签订绩效合同，促使其提高服务质量，降低服务成本，必要时可与多个部门签订合同，引入竞争机制。

采用这类供给模式的农村公共产品一般具有以下特点：一是难以直接对消费者收取使用费或直接收费的成本过高；二是具有明显的外部效益。由政府直接投资经营的农村公共产品，包括道路桥梁建设大型水利建设、农田林带建设、义务教育、公共卫生防疫、流行性疾病突发治疗、地方病医疗等。如果政府不承担相应的供给责任，那么社会可能将陷入一片混乱。

当前，我国工业反哺农业的时机已经成熟，中央人民政府应该加大对农业和农村公共服务的投入力度，把农村那些具有全国性质的公共产品列入国家公共财政支出范围，由政府直接投资经营，从而统筹城乡发展。而且从现实状况来看，许多农村公共服务项目只有纳入政府投资，才能达到理想的效果。

3.政府主导型

政府主导型供给模式是由政府拥有全部资本，法人团体以商业方式经营的供给模式。和政府直接投资经营相比，这种模式保留了政府直接投资的优点，同时又可以使政府从繁杂的经营管理事务中摆脱出来。但政府仍是投资者，并要承担投资风险，而且经营者往往会侵犯所有者和消费者的利益。因此，为了最大限度地发挥经营者的自主性和积极性，政府可以将一部分垄断性行业的国有资产或即将建成投入使用的资产进行出售或实行股份制改造，以尽快收回政府投资，减少政府投资风险。

采用这类模式提供的农村公共产品一般具有如下特点：一是自然垄断性较强，二是单位投资额较大，三是带有一定的私人性。例如，电信与电力行业中的垄断性业务、广播电视信号的发射设施、高速公路等。这类供给模式的实质就是将市场机制引入政府直接投资领域，实现国有资产所有权、经营权和使用权的分离。

4.民营主导型

民营主导型供给模式是指由民间私人资本主导经营的公共产品供给模式。尽管是民间私人资本主导经营，但也需要政府部门有所作为。

民营主导型供给模式一般分为以下两种。

（1）在政府管制下由私人资本主导经营

这种供给模式的优点是可以极大地减少政府的财政负担；可扩大消费者的选择范围；经营者具有相对充分的自主权。但要注意的是，政府部门应通过签订合同防止过度竞争和过度垄断现象，对于私人投资的负外部效益，政府也要采取征收费用等措施加以规范。

采取这种供给模式的农村公共产品一般具有如下特点：一是具有一定的自然垄断性，二是单位投资额不大，三是产品私人性强，四是具有收费性。这种公共产品主要指电力、通信产业中的竞争性业务，以及自来水供应、乡村医院等。这种模式是政府与私人相互配合提供公共产品的模式。

（2）在政府资助下由私人资本主导经营

这种供给模式的优点是政府无须监管，一切由市场供求关系决定。政府可以采取的资助模式有投资参股、按业务量补贴、提供优惠借款担保、无偿或低价提供土地、减免税收等。

采用这种供给模式的公共产品一般具有明显的外部性且盈利较低、风险较大，具有竞争性，不存在直接收费困难。主要包括农业保险、农业灾害保险、农村养老保险、农村医疗保险、农科站、农机站、职业教育学校、文化站、电影院等。经营者可向消费者分别收取保险费、服务费和学费等，从而获得收益。

5.民办公助型

民办公助的含义是，对涉及农民切身利益的农村公共产品，应当贯彻“谁受益，谁负担”和“量力而行”的原则，由农民按照受益程度的大小进行集资生产，同时政府从财政中给予一定的支持。

这种供给模式的依据是，农业技术是改变农业停滞和落后状况的决定性因素。而农民除了收入较低以外，面对变化不定的市场，因投资风险大而信心不足；现阶段农业投资热点较少，无法吸引和凝聚农民资金，更无法吸引企业资金的投入；国家财力有限，也难以全部承担众多的农业技术应用和推广项目的资金。这种民办公助型供给模式就使得无偿拨款和有偿借款相结合财政拨款和私人投资相结合，坚持项目科学论证、过程民主监督、产权农民所有的原则。对国家而言，减轻了财政负担，促进了农业发展，提升了农业生产力；对农民而言，减少了投资风险，提高了投资积极性和投资效益。

例如，农村小型水利建设、中小学校危房改造等，受益的是该地区的农民，乡政府和村委会应当召开村民大会或村民代表大会，研究要不要兴建、如何集资兴建的问题，只要大部分村民同意，乡政府和村委会就可以组织实施。在实施民办的同时，乡政府和村集体经济组织要适当给予资助，不能仅靠农民集资生产涉及农民利益的公共产品，尽量减轻农民负担。

可以采取民办公助型供给模式的还有在农业生产中意义重大的农业科技研究和部分农技推广项目这一准公共产品，一般采取“四个四分之一”的筹资模式，由政府主持供给。“四个四分之一”指的是中央财政资金占四分之一，地方财政配套资金占四分之一，农业综合开发专项贷款占四分之一，项目区农民群众自筹资金占四分之一。适于这种形式的农业科技项目具体包括中低产田改造、良种引进、节水灌溉技术、农业生态环境治理等。

6.私人供给型

对于农村公共产品中进入成本不高、不存在收费困难的公共产品或服务，可以按照谁投资谁受益的市场原则，由私人、企业作为供给主体。在经济发展水平较高的地区，随着农民收入的增加，已经出现了农村公共产品私人产品化的现象，如一般农业生产用的植物、动物、农药等技术的推广，还有社区小型的水利设施、农用固定资产等，完全由社区有经济实力的大户提供，其目的一是为了满足自己的消费需要，二是通过向其他农户收取服务费以回收成本。

另外，私人办学的现象在农村也较为常见。在很多农村社区出现的民办职业中学和封闭式高中，拥有大量的生源。作为政府，应该积极引导、鼓励私人提供农村公共产品，并明确界定产权，维护供给者的利益，同时在考虑消费者的实际承受能力的前提下，合理确定私人供给产品的价格，既要兼顾效率，又要保证公平。

7.俱乐部型

小范围的低级公共产品，如灌溉、治虫、种植养殖的供产销联合体、农产品的加工和流通、信息指导和技术服务、大型农用器械等，由于其受益群众相对固定，可以考虑把农民组织起来，形成利益上的共同体，通过俱乐部的模式提供公共产品。

对于这类公共产品，由政府提供显然是不合理的，而对于农民个人来说，私人提供公共产品也容易造成损失，所以理想的模式就是将农民组织起来，成立农业合作社、农业协会等民间组织作为供给主体，通过合作实现有效供给。这些农村公共产品的供给由农户自主决策，不具有强制性，而且成本由俱乐部成员共同承担，并通过公共产品服务的收益收回，有利于实现外部收益内部化，从而提高供给效率。

俱乐部型供给模式的优点在于：一是克服了经济外部性，采取俱乐部式的产权安排模式进行资金管理，较好地将融资的收益和风险结合起来；二是降低了交易费用和监督成本。

8.协作互助型

协作互助型即通过农村社区非正式组织的协作互助提供公共产品，如各种协会，以及多层次的农业发展基金会和多渠道的农民合作基金会，为公共产品供给提供资金来源。一些地区内还出现了农协会等民间合作性组织，形成“协会＋农户”“协会＋实体＋农户”的市场体系，将科研与技术推广服务联系在一起。

（二）农村公共服务产品供给模式的设计思路

我国农村的公共服务产品供给主要是发挥政府在农村公共服务产品供给中的主导作用，合理划分中央人民政府和各级地方政府的供给范围和职责。政府在提供公共产品时将自己的主要职责定位于决策、控制和监督，而不是直接生产。将政府提供公共产品的决策职能与执行职能适当分开，改变政府直接生产公共产品的模式，建立以间接生产为主的生产模式，即政府利用预算安排、制度规定、政府采购和市场契约等形式，以制度保障、财政补贴和税收优惠等为手段，引导、鼓励私人和企业参与农村公共产品生产，然后根据公共产品的性质，分别选择不同的提供模式，即公共部门供给、市场供给或公共部门与私人共同供给。

概括来说，我国农村公共服务产品供给模式的设计思路如下。

1.纯公共产品主要由政府政府提供

大型骨干水利工程、农业基础科学研究、气象、农业区划、全国性的水土保持工程、农村道路建设以及全国性的农业病虫害防治工作等，由于其只有外部收益而没有内部收益，属于纯公共产品，适合由政府提供。

中央人民政府主要从事跨经济协作区的大江大河大湖的治理、重大农业科技成果推广、农业环境保护、农业信息网的建设、农业基础科学研究以及与国防建设有关的民兵建设。

省级政府主要承担农村地区跨地区的公共道路、供电、供气、公共卫生保障体系、失业、养老保险和救济等公共产品的供给。但政府提供并不是说这些产品一定要由政府部门生产。政府可以通过合同的形式引进私人投资或直接交由私人生产，然后再由政府购买即由政府负责全额支出。

2.准公共品主要采取公私合作的供给模式

政府可通过公共管制、与企业签订供给合同、授权经营、参股、补助等方式间接提供公共产品。对于那些排他性的公共产品，比如公共项目的材料采购，可以通过公开招标的形式，与合适的厂家签订采购合同，政府采购实质上就是这个内容的一部分。对于具有规模经济效益的自然垄断行业，比如农村电网的经营，地方政府可以通过授权经营的模式选择私人企业，通过签订合同的模式，委托中标的私人企业经营，但地方政府必须对这一领域实行政府规制。对于那些初始投资量较大的基础项目，比如道路、桥梁、大型水利设施，可以采取由政府参股、吸引民间资金入股参与建设的形式。对于那些提供教育和卫生等具有外部效应的私人机构，政府可以通过补贴、贷款贴息和减免税等模式给予支持。

公私合作提供涉及的一个主要问题就是农村公共产品的成本分摊问题，不仅要明确各级政府的分摊比例，还要明确政府与受益人（村委会、农民）之间的分摊比例。

准公共产品按其公共性质，可以将其分为接近于纯公共产品的准公共产品、中间性准公共产品和接近市场产品的准公共产品三类。这三类准公共产品由于其公共性不同，因此在理论上政府与受益人在成本分摊比例上也应当有所不同。

例如，第一类准公共产品政府承担部分可能占 60%～80%，第二类准公共产品政府承担比例可为 40%～60%，而第三类一般应在 30%以下，或以政府贴息的模式来分摊成本。其中，科研、科技推广示范等应属于第一类准公共产品，而技能培训、技术信息服务等应是第二类，文化娱乐、体育设施等应属第三类准公共产品。各级政府之间的分摊比例也应根据受益情况进行适当的划分。县区辖域内的准公共产品应主要由县级政府负责提供，如供水设施、公立医院、文化设施等。

对于可以进行排他性消费的，且排他成本并不高的一些准公共产品，可以通过向消费者收取较低的费用来弥补排他成本。考虑到基层政府大多无力提供更多的准公共产品，可以制定优惠政策，吸收和鼓励民间私人资本在农村地区投入生产和提供这类准公共产品。政府可根据生产成本和排他成本再加上一定的利润率，限制这类准公共产品的价格，力求做到既让私人资本愿意投资生产准公共产品，又让农民能够支付得起准公共产品的消费。也就是说，充分利用市场的力量来增加农村地区的公共产品数量，而不是像过去那样没有发挥市场的作用。

3.小范围受益的公共产品通过俱乐部提供

灌溉、湖泊的渔业资源利用、乡村道路、农产品加工和流通的信息以及受益范围较小的基础设施等，由于其外溢较小，且受益群体相对固定，属于俱乐部产品的范畴。对于这类产品，由政府提供显然是不合理的，而对农民个人来说，由于外部性的存在，私人提供也容易造成损失，因而理想的模式有两种选择：一是可以通过村民大会或村民代表大会，充分收集农民的意愿，拟订集资方案，由村委会具体负责实施；二是将农民组织起来，成立农业合作社，通过合作社将外部收益内在化，提高供给效率。这两种模式，可根据公共产品受益区域的大小灵活选用。

4.政府无法供给的公共产品运用市场机制供给

对于我国农村过去一直由政府生产供给，但目前政府已无法筹集资金维持供给的一些农村公共产品，可以采取“公退民进”的办法，运用市场机制供给。例如，多年失修的桥梁等，在县、乡政府因缺乏资金而难以全部维修的情况下，可以由先富裕起来的农民进行维修或重新建造，在明确产权关系的前提下，变公共产品为农民私人产品，并由这些农民经营。但是，实施这一办法，要严格按现行的有关政策执行，不能剥夺社区内的农民对农村公共产品的享用权。

同时，还应注意，在提供公共产品时，应确保农民私人产品的生产不受政府干预。农业耕作、种植养殖、施肥、收获、销售等，是纯粹的私人产品，应当由农民自主进行，要尽量避免政府的直接行政干预，但政府可以适当地给予指导。

以上所提及的多种供给模式都是政府与市场相结合的供给模式，即政府主导下的市场化供给模式。公共产品市场化供给模式的核心在于：一是通过市场化提高供需均衡；二是政府作为农村公共产品供给主体的地位不能丢；三是政府主导不等于政府完全介入，而必须遵循市场的规律。同时还需要注意的是，理想的供给模式本身并不能增加农村公共产品的供给总量，而是让已有的社会资源在供需双方之间保持均衡，或是达到一种理想的状态。

公共产品的市场化供给模式在改革短期内只可在一定程度上解决农村公共产品供给问题，而努力发展农村经济才是解决农村公共产品供给问题的根本途径。因此，要把加快农村经济发展作为改革和完善农村公共产品供给体制的基石，以提高农民生活水平为原动力，积极探索多元化的公共产品供给模式。

第五章 乡村振兴背景下农村公共服务能力强化路径

第一节 农村基础设施建设

农村基础设施是农民生产、生活所依赖的重要物质基础，而且大多具有公共性，因而它是农村公共服务的重要内容。加强农村基础设施建设，是奠定农村公共服务基础，提高农村公共服务水平的关键环节。

一、农业生产基础设施建设

从目前的情况看，农业生产方面的基础设施建设主要有以下四个方面。

（一）农田水利设施建设

农田水利设施建设就是通过兴修为农田服务的水利设施，包括灌溉、排水、除涝和防治盐、碱、渍灾害等，建设旱涝保收、高产稳定的基本农田，主要任务包括：整修田间灌排渠系，平整土地，扩大田块，改良低产土壤，修筑道路和植树造林等。小型农田水利设施建设的基本任务是，通过兴修各种农田水利工程设施和采取其他各种措施，改善农田水利状况和地区水利条件，使之满足农业生产发展的需要，促进农业的稳产高产。

中国有悠久的农田水利建设历史，早在夏商时期，人们就把土地规划成井田（即方块田），把土地按相等的面积作整齐划分，灌溉区道路布置在各块耕地之间。两宋时期建设了太湖圩田，明清时期建设了江汉平原的垸田及珠江三角洲的基围等。

农业是国民经济的基础，在新的历史条件下，坚持以农业为基础更显示其战略意义。然而，坚持以农业为基础，就必须不断改善农业生产基础条件。

水利是农业的命脉，是农业发展的物质基础，是农村经济、农村社会发展的重要基础设施。一直以来，我国的农业基础比较薄弱，抵御自然灾害的能力不强，许多地方还是靠天吃饭，这些成了制约农村经济发展的重要因素。鉴于此，必须加强农田水利设施建设，并将其作为重要的公共服务内容，列入各级政府，特别是县、乡两级政府的重要议事日程，并把它作为一件重要工作来抓。

第一，充分认识农田水利设施建设的战略地位，提高认识。各级领导干部一定要从战略的高度充分认识农业的基础地位，真正把农田水利设施建设作为一项战略任务来规划、来部署。

第二，强化领导，加大投入。施建农田水利设施要有强有力的领导，从规划、设计、施工到管理，没有坚强的领导都是不行的。同时，必须加大财政投入，规定每年的农业投入有一定比例用于农田水利设施建设，在保证投入的前提下，才能保证农田水利设施建设的成效，而且对于这种投入，中央财政和省级财政要挑大梁，县乡财政很难承担，即便是仅限于县乡受益的小型工程，中央人民政府也要以转移支付的形式予以大部分的补助，从而充分调动县乡政府的工作积极性。

第三，目前的重点是原有国家大中型水利工程的维修、扩建和改造工程，并在此基础上兴建急需且受益大的水利项目。

第四，对小型水利项目，如小水库、山塘等要充分发挥县乡和个人的积极性，同时，可以运用市场手段，对一些可以产生经济效益的项目进行市场化运作，以加速项目建设并减少财政压力。

（二）农村电网和电力设施建设

农村电网和电力设施主要是为农村经济建设及农民生产生活提供能源。当前，我国农村能源和电力已经从单纯满足农民照明用电、农副产品加工用电发展到需要满足县、市、城镇居民和乡镇企业的生产、生活用电，农村能源和电力的服务范围扩大了，需求增长也加快了。近年来，国家在农村电网建设与改造方面投入巨额资金，奠定了新世纪我国农村能源和电力产业蓬勃发展的坚实基础。

但是，农村电网和电力设施建设还存在许多不容忽视的问题，因此农村电网和电力设施建设不能盲目乐观。第一，要下大气力进行农网改造，做到城乡同网同价。第二，要把农村用电管理问题提上议事日程，把用电管理列入农村公共服务的范畴，使农村用电管理规范化、科学化。

（三）农村通信设施建设

众所周知，当今世界乃是信息社会，信息的占有决定其在市场的地位，占有信息多就更可能拥有市场的主动权。因此，农民在市场中的地位无形中因掌握的信息量不够而下降，这对农民来说是极不公平的。而对于农村通信设施的建设，可以采取对营运商进行补助或者政府直接投资等办法，大量建设营运商不可能建设的通信基站和电话网络。

二、农民生活方面的公共基础设施建设

目前，加大与农民生活有关的公共基础设施建设，是农村公共服务的重点。

（一）农村公路建设

农村公路是公路网的重要组成部分，是农村地区最主要甚至是一些地区唯一的运输方式，是关系到农民群众的生产、生活，关系到农村经济社会发展，关系到构建和谐社会的重要基础设施。加快农村公路建设，既是全面落实科学发展观的必然要求，也是建设社会主义新农村的重要内容；既是改善农村生产生活条件，发展农村经济、解决“三农”问题的前提，也是增加农民收入的有效途径；既是扩大内需、拉动经济发展的重要举措，也是促进经济社会全面协调可持续发展的重要条件；既是构建便捷、通畅、高效、安全的交通运输体系的重要组成部分，也是实现交通又好又快发展的重要基础。

“要想富，先修路”，长期以来，农村公路问题一直是阻碍农村发展的一道难题。我国广大农村地区经济社会发展相对落后，一个重要的原因就是交通落后，信息闭塞。加快农村公路建设，不仅能打破农村地区的自然封闭状态，有效地促进农村的资源开发，使广大农村蕴藏的土地、矿产、森林、水电及旅游等资源潜力转变为现实生产力，还能打通农村的信息和商品流通渠道，使农村的自然物产和农副产品进入流通领域，从而增加农民收入，提高农民生活水平。

为了更好地解决资金难题，国家财政通过直接补助资金、补助原材料或以奖代补等方式，增加对农村公共设施建设的投资，并逐步形成“政府投资为主、农民自筹为辅、社会各界共同参与”的多渠道筹资机制。但是，农村公路建设依然存在一些问题：一是存在公路死角，部分偏远地区还没有摆脱

肩挑手提的落后局面；二是部分农村公路质量差，窄、差、弯现象严重；三是公路保养无人过问，一些农村公路没有专业的保养队伍，许多刚修好的道路，由于缺乏管护，两三年工夫又是破烂不堪，严重影响通行质量。

加大农村公路建设要充分调动农民的积极性，在国家补助的前提下，要鼓励农民集资集劳用于公路建设，政府要重点加强规划和监管工作，使农村公路建设规范有序，从而提高农民的生活质量。

（二）农村公共交通建设

近年来，特别是新农村建设战略实施以来，许多农村地区已具有完善的公共交通设施，但是必须清醒地看到，农村公共交通建设工作还存在许多问题。

一是投入力度有待加强，政府作为公共服务的提供者，对农村公共交通建设的投入还不足，与时代发展的步伐不协调。二是覆盖范围不够广，虽然大部分农村地区基层政府长期以来把农村公共交通作为一项公共服务工作来抓，也取得了显著成果，但仍有部分地区由于地广人稀等原因，农民依然靠两条腿搞运输、走亲戚、会朋友。

但应看到，农村公共交通建设前景良好，一是农民生活条件好了，经济发展了，对开通公交线路的要求强烈了，建立起公共交通有利于扩大内需，有利于农产品的流通和信息流的加速。二是农村开通公交线路有利于促进城乡社会的共同发展，缩小城乡差距。

三、农村文化建设方面的基础设施建设

农村文化建设是建设社会主义新农村的重要内容，当然，农村文化建设没有必要的基础设施是不行的。因此，加强农村文化建设所必需的基础设施建设十分必要，而且因其公共性极强，必须列入政府公共服务范畴。

目前，广大农村文化建设所必需的基础设施建设主要有以下内容。

（一）农村文化站所建设

中央人民政府拨出了专项建设资金用于全国农村文化站建设，中华人民共和国文化和旅游部、中华人民共和国国家发展和改革委员会也针对全国文化站所建设比较薄弱的实际情况，下发了相关文件，对乡镇文化站的建设做了具体规划和部署。地方各级政府要高度重视乡镇综合文化站建设，切实加强组织领导，落实工作责任。要加强工程建设的监督和管理，努力建成“示范工程”“阳光工程”。各级财政要加大资金投入，落实相关政策，确保文化站建设和运转。要建章立制，提高乡镇综合文化站的规范化管理水平，把乡镇综合文化站建设成为农村思想道德教育的重要阵地、农民群众精神文化生活的重要场所和传播科学文化知识的重要课堂，发挥其应有职能，促使农村文化建设有声有色地开展。

（二）农村剧团、电影院等演出场所建设

农村电影院及剧团等场所要根据农村的实际情况，因地制宜建设，人口集中的集镇或中心村可以建设小型的场所，其他偏远的山区可以采用流动影院剧团的形式，以适应农村的实际情况。

（三）农村体育场所建设

要把农村群众身边的体育设施建设维护作为非常重要的任务。农村体育场所包括篮球场、足球场、羽毛馆等，在人口相对集中的地方都可以建设。体育行政部门要把规划的指导落实作为一项重要的工作，发挥乡、镇、村的社会体育指导员、文体协管员的指导、引导作用。

（四）棋牌室等娱乐场所建设

农民业余时间的玩牌、下棋、唱歌、跳舞等娱乐场所，也要根据情况，在人口较多或较集中的地方合理建设。

（五）文化馆、图书馆、博物馆等文化设施建设

农村文化馆、图书馆、博物馆要有自己的特色，使其成为适合农民需要又便于农民使用的场所。

从一般意义上来讲，文化有提升人的素质的功能。加强农民的精神文化生活，就要培育良好的农村文化。而农村文化是有其独特性的，首先是主体的特殊性。农村文化的创作主体是农民，享有的主体也是农民。其次是需求的特殊性。由于农民所处的经济、社会地位的差异，农民更倾向于反映农民真实生活的文化生活，所以农村文化建设一定要调动农民的积极性，挖掘农民生活中的精神文化资源，让农民中的积极分子多参与、多创作。最后是农村文化资源的特殊性。乡村文化资源在哪里？一是在乡村艺人那里，爱写诗、编顺口溜的，会吹、拉、弹、唱的，会雕塑的，这些乡村艺人的创作源于本乡本土，很有亲和力；二是在典型人物、典型事例当中，包括种棉花的典型、搞养殖的典型、搞林果园艺的典型、进城务工的典型、搞运输和商贸的典型、抗洪救灾的典型、民族团结的典型等。只有充分发挥农民的主体地位，让农民充分认识到文化的作用，才能调动他们的积极性，让他们在自娱自乐中受到精神文化的熏陶，享受文化生活的乐趣。

农村精神文化生活有其特殊性，因此其基础设施建设也很有特点。一是分散性。农民居住分散，特别是偏远地区，有些地区方圆几十里只有几户人家，分散性特别突出，这就为基础设施建设带来了难题。如何根据农村的实际情况进行建设，是值得研究的问题。二是乡镇政府的关键性。农村文化设施建设关键靠乡镇政府来组织实施，这就要明确乡镇政府的责任，从而促使

其认真履行职责。三是农民需求的特殊性。农民对文化的需求有其特殊性，必须按照农民的特殊要求来开展文化基础设施建设，绝不能照搬城市文化建设的老办法，必须具体问题具体分析。四是投入的财政性。对农村文化基础设施建设的投入必须由县以上政府财政主导，省、县可以采取分担的办法，中央人民政府给予一定的补助。

鉴于上述特点，农村文化基础设施建设一定要因地制宜，在进行充分调研的基础上，制定切实可行的措施。调研的重点是听取农民的意见，反复论证，然后再进行决策，力求最大限度地实现农村文化基础设施建设的效益。

农村文化基础设施建设应注意以下事项：首先，不能贪大。农村分散性强，文化基础设施也要小而多，绝不能贪大求全，搞政绩工程。其次，集中与流动相结合。人口较多的区域可以集中建设，人口较少的地区可以采取流动场所的办法解决。再次，充分发挥农民的主体性。农村文化基础设施建设一定要发挥农民的主观能动性，在农民的自娱自乐中加以引导，同时要注意发挥农民中文化爱好者、积极分子的聪明才智，在他们的带领下使农民学会享受健康向上的精神文化生活。最后，农村文化基础设施建设要综合运用政府投入和市场运作的办法，提高投入的效率。

县乡政府如何运用财政投入的资金，组织建设文化项目，是其履行农村公共服务职责的重要内容，各有关部门一定要加强监督，讲究质量、提高效益，保证农民的权益不受侵害。

总之，农村文化建设方面的基础设施建设与农民生产、生活方面的基础设施建设具有同等重要的意义，特别是随着农民生活水平的提高，农村文化建设方面的基础设施建设显得更重要。加大投入，加速建设已成为摆在我们面前的一项十分紧迫的任务。各级党委政府，特别是县乡党委政府，一定要转变职能，正确履行职责，把农村精神文化方面的基础设施建设纳入城乡一体发展战略，立足当前、着眼长远，从战略的高度，从对党和人民负责、对历史负责的高度，切实抓好这项工作，使其真正发挥作用。

第二节　农村公共教育建设

教育是一个系统工程，涉及经济发展、公共事业、基础设施、精神文明建设等方面的内容。农民作为社会主义新农村建设的主体，其文化素质和思想道德水平将直接影响新农村建设，而提高农民素质的关键就在于提高农村的公共教育水平。

一、农村基础教育

近年来，农村地区教育问题，尤其是农村基础教育问题已经成为众多学者关注和讨论的重点。国家已经把农村基础教育作为我国教育改革的重点，并在政策和资金上给予一定的倾斜，使农村基础教育有了长足的进步。但是，由于诸多原因，我国农村基础教育依然面临很多难题。具体来说，要重点解决以下问题。

（一）农村孩子上学难问题

首先，我国的教育资源分布不均，农村孩子上学难。学杂费的免除虽能够减轻农民的一部分负担，但农村基础教育的真正问题在于教育水平低下。父母都希望自己的子女能够接受好的教育，将来跳出“农门”，在这种大环境下，县城的小学、初中不断扩招，而农村的小学、中学的生源不断萎缩，为了不让自己的孩子输在起点上，许多农民不得不花更大的代价送孩子到县城上学。

其次，农民收入过低，限制了农民的教育支出。我国农民收入过低主要体现在两个方面：一是绝对数额少，二是城乡差距大。另外，还必须面对的一个问题是，有很多农村家庭不止一个孩子，这样负担就更加沉重。

（二）农村教育资源的合理布局问题

百年大计，教育为本。农村基础教育是农村公共服务的重要内容，其中义务教育是农村最大的公共产品，公共产品供给均等化的意义，在农村基础教育领域得到了最集中的体现，只有保障教育公共产品供给的均等化，才能最大限度地保证广大农民更公平地获得生存和发展的机会。

合理布局农村教育资源，主要措施应包括以下几方面。

1.推动农村义务教育经费保障机制改革

第一，进一步加大对《中华人民共和国义务教育法》以及义务教育经费保障机制的宣传力度，使学校了解农村义务教育经费保障机制实施中的预算编制、经费构成等各方面内容；使教师对于教师待遇、学生权利有较深刻的理解和把握，保障新机制的顺利实施。同时，为减轻经费拨付的延迟给农村中小学运转带来的不利影响，建议加强制度建设，建立各种义务教育经费使用的详细规章制度及审计制度，进一步加强“校财局管”，建议建立县级教育经费结算中心，统一全县教育经费的核算，加强对教育经费的监管与使用。

第二，准确测算办学成本，全额安排好农村中小学经费预算。要建立科学合理的农村义务教育投入保障机制，就必须足额安排教育经费预算。要准确编制教育经费预算，就必须科学测定义务教育阶段学生平均培养成本，确定了培养成本，就能依据学生数计算出一个县（市、区）的义务教育经费需求，并纳入公共财政供给安排，也就可以根据各级财力状况合理分担教育培养经费。

2.优化农村教育资源配置

按照小学就近入学、初中相对集中的原则，各地应结合乡（镇）区域规划调整、城镇化发展、城镇规划、地理环境、人口分布密度、交通状况及教育事业发展现状等实际情况，合理调整完善学校协调规划。

3.积极鼓励社会力量参与农村中小学布局调整

应当鼓励企业、社会团体、公民个人对农村中小学进行捐赠。尽管近年来国家不断加大对农村基础教育的投入，但其与城市相比还是存在很大差距。积极鼓励社会力量参与，将能弥补政府投入的不足。

（三）加强城市对农村教育的支持问题

从经济学的角度来看，资源的流动带有明显的趋利性。但是，教育作为一种公共产品，应当使每一个人都受益，而不能仅仅服务于少部分人。因此，既然城市占有了较多的教育资源，就应当支持农村教育事业的发展。政府需要用政策加以引导，使先发展起来的城市教育资源带动农村的教育资源，共同发展。

一是支持城市的重点学校利用公办、民办机制与农村学校联合，扩大农村优质教育资源。城市的重点学校无疑掌握着大量的优质教育资源，而且在城市所覆盖的范围内，这些学校更是具有无可比拟的品牌效应，如果能够进行这样的强弱联合，不但可以改善农村生源“外逃”现象，还可以提升农村学校的教学质量，而对于城市的这些重点学校来说，也不会影响其教学质量。

二是要加大对农村学校的资金扶持力度。一方面要加大国家对农村教育的投入，中央财政要通过转移支付等形式大力扶持农村教育，保证农村教育不会出现资金缺口，另一方面还可以由政府牵头，建立专门面向农村教育的慈善基金，每一个城市的农村教育慈善基金辐射一个农村区域，可以有效地提升资金的利用效率。

三是建立城市优秀教师到农村任教制度。要建立城镇中小学教师到乡村任教服务期制度，城镇中小学教师晋升中级和高级职称时，应有在乡村中小学任教或支教一年以上的经历。同时，城市的各大高校也应当形成相应的规定，对口扶持农村中小学。

（四）提高农村中小学教育质量问题

农村中小学教育质量问题一直备受关注，由于经济、教师水平等各个方面的原因，农村中小学教育质量长期处于十分落后的状态，对农村经济发展带来了不利影响。那么，如何提高农村中小学教育质量呢？

1.明确农村教育目标

目前，农村基础教育的最大问题，是教育目标的错位。长期以来，农村基础教育“克隆”城市普遍教育的模式，这与农村的实际情况不符，在国家实行高校全国统一招生考试制度的背景下，由于在学校硬件、师资水平和资讯等方面的劣势，农村大学生入学率较城市有很大差距。一些农村学生辍学后，因为缺乏生活技能，进城打工没门道，搞第二、三产业无出路，只好赋闲在家。从构建和谐社会的角度讲，发展农村教育，需要在统筹城乡经济社会发展方略下进行。

有学者提出，要从国家发展的角度来审视农村发展，树立科学的农村发展观。相应的，要树立新的农村教育发展与实践观。教育的任务是提高广大农民的综合素质，但是高等教育的升学率是一个要重点关注的问题，也是农村孩子走出农村的一条重要途径。

2.推进办学体制改革

在我国广大农村，教育资源不足同农民群众的教育需求日益增长的矛盾越来越突出，并将长期存在。各级政府要加大投入，积极发展公办教育，履行好义务教育的职责。同时，要鼓励和吸引社会力量参与农村办学，重点是农村高中阶段教育和幼儿教育，坚持以政府投入为主、多渠道筹措资金，努力形成公办学校和民办学校共同发展的多元办学格局。

3.推进教学改革

农村中小学在实现国家规定的基础教育基本要求时，要紧密联系农村实际，突出农村特色。首先应体现在课程改革上，农村毕竟与城市不同，无论是教育资源还是生源的素质，都与城市存在相当大的差距，不能是城市学校开什么课农村学就开什么课，这不符合实事求是的原则。其次，在育人的方式方法上，必须结合农村的实际情况采取合适的育人方法。

4.推进农村中小学人事制度改革

办好农村学校，关键是要有好校长、好教师。要采取有效的政策措施，吸引优秀人才到农村任教，鼓励城镇教师到乡村任教，通过定向招生等方式培养乡村教师，切实解决偏远地区乡村学校缺少合格教师和教师队伍不稳定的问题。

5.提高农村教师素质

提高农村教师素质的关键是要创新农村骨干教师培养机制。首先，应明确青年教师在一定的时间内接受一定层次和一定学时的培训是他们的权利和义务，学校应鼓励教师多多参与相关培训，让教师及时更新知识。其次，教育行政部门要针对不同阶段、不同层次的骨干教师制定培训的基本目标、课程体系、培训方式，并将其制度化、法治化。最后，各级财政要保证教师培训的经费，办好不同层次的教师进修院校，使教师培训工作取得实质性效果。

二、农民职业教育

把农村公共教育作为教育工作的重中之重，充分体现了党和国家对农村教育问题的高度重视。当前，我国农业和农村经济发展进入了新阶段，农民职业教育也面临着良好的发展机遇和外部环境。党和国家的一系列部署和决策，充分体现了在新阶段农村教育、农民职业教育的重要性、紧迫性和长期性。

（一）充分认识农民职业教育的重要性

农民职业教育是传统农业向现代农业转型的重要一环。在新时代，我国农业面临实现发展战略转型的历史使命，即实现从传统农业向现代农业的转型。这一战略转型的主要内容包括：技术基础的转型、产业结构的转型、实现产业组织的转型、农业发展观念的转型。新阶段农业发展战略转型的实施与实现，归根结底要靠科技和教育。而农民是农业生产的主体，因此发展农民职业教育，提高农民的科技文化和职业素质，无疑是这一战略实施中的重中之重。

第一，农村职业教育承担着调整农村产业结构与繁荣农村经济的重要使命。改革开放以来，随着农户自主经营权的确立与巩固、商品化经营的发展，以及乡镇企业的异军突起，农村的产业结构发生了重大变化。进入新时代以来，为了适应我国社会发展总体目标与战略整体性调整的形势与要求，农村产业结构与经济结构又面临着进一步调整、优化的新任务，即加快农村第三产业的发展步伐，提高其在农村产业结构中的比重，开拓农村经济新的增长点；提升乡镇企业的技术含量、经营水平和市场竞争力，进一步加快农村工业化进程，调整、优化农村工业的布局与结构。在立足这些变化的基础之上，逐渐形成一个各产业构成协调发展的经济结构模式。种种调整以及发展模式的转变都要求提高农民素质。

第二，农民职业教育是农村剩余劳动力转移的城镇化发展战略的基础。目前，我国把发展适应农村劳动力就业的非农产业、走中国特色的城镇化道路作为解决“三农”问题、实现城乡共同富裕的有效途径。一方面，需要国家从整体上调整政策，逐步破除城乡壁垒，消除二元结构的制度性依托，促进城乡人员流动，通过教育、文化、科技、人员交流、产业联系、媒体的纽带和中介作用，带动农村社会意识与社会运作模式的转变。另一方面，更需要农村社会内在的发展，即采取各种措施加速农村城镇化发展步伐，有序地促进农村剩余劳动力的有效转移，培育农民的现代意识与现代生活方式，从而最终实现农村社会由传统向现代的转型。

（二）突出解决当前农民职业教育存在的问题

1.培训经费不足

农民的职业培训虽然不是纯公共物品，但具有很强的公共性，因此在政府主导的前提下，应通过多渠道拓宽经费来源，以满足培训的需求。目前，我国农民培训的经费主要依赖国家和地方政府投资，行业、企业等社会力量很少参与，导致培训经费成为制约我国农民职业教育发展的一个重要因素。国家的单向投入十分有限，因此应开拓办学的渠道与途径，形成以国家、地方政府为主导，行业、企业等社会力量积极参与的多元化办学主体格局，这样既可以减轻政府的财政负担，又能为我国农民培训的发展筹措充足的经费，为教育质量和效益的提高奠定坚实基础，以满足农民和农村经济发展的需求。

2.运行机制不畅

我国还没有形成成熟的政府、学校和民间力量协同开展农民职业培训的模式，而政府的“单打独斗”又显得力不从心，因此有必要学习西方发达国家的成熟经验，注重政府、学校和民间力量的协同并进。政府负责制定法规，提供财政支持，并设立专门机构进行管理。专门机构协调各参与主体的行为，也与学校、民间力量一起参与农民职业教育工作的具体实施。

3.培训内容设置不够合理

培训内容必须坚持实用原则并突出市场特点，“按需定学”。职业教育与普通教育的不同就在于职业教育直指就业，农民职业教育更是如此，他们更加迫切地希望能够通过职业培训找到一份满意的工作，如果课程设置不能与地方经济和社会需要有效地结合起来，对农民的培训也就失去了意义。

（三）当前我国农民职业教育的基本思路

只有加快发展农民职业教育，才能适应“三农”工作所提出的新要求，为促进城乡统筹、加快农业现代化和推进城镇化进程服务。根据我国农民职业教育的实际情况，在改革的基础上，要重点做好以下工作。

1.强化宏观指导，加大培训资源的整合力度

各级政府应把职业教育、成人教育与普通教育的发展摆在同等重要的位置，以科学发展观为指导，把加快培养高技能人才和高素质劳动者作为发展农村经济、解决“三农”问题的一项重要工作来抓，统一制定规划，落实投入政策，普教、职教协调发展，实行跨部门、跨行业、跨地域的农民职业培训资源整合。应制定科学合理的准入规则，引入市场机制，使有市场竞争力的农民职业培训学校做大、做强、做优，通过规模办学提高办学效果。

2.加大财政投入

各级政府应依法确保用于职业教育的财政性经费逐步增长，逐步将按人头经费拨款改为事业经费拨款。农业部门、科技部门安排的农村劳动力培训经费，中央人民政府拨付的农民培训专项补助资金，要集中归口一个部门统一安排，并从接受培训的农民中收取适当的学费弥补政府投入的不足。

3.建立完备的法律保障体系

为保证农民职业培训的顺利运行，营造一个良好、有序的发展环境，应加快立法进程，构建农民职业教育管理体制，切实解决农民职业教育的经费来源、师资建设、基础设施建设以及服务体系建设等问题。

4.改革培养模式

我国农村社区的类型、社会结构、人文传统、经济发展水平、地域特点等有较大的差异，致使农民职业教育培训体系的模式也呈现出多元化的特点。要因地制宜、实事求是地制定各具特色的培训模式。培训方式必须以培养动手能力为基础，并与实际需要相结合，使基础教育、远程教学、实际操作相结合，学习与实践相结合。

5.严格行业管理，增强培训效果

农民职业教育是一个涉及面广、组织难度大的工作，必须明确责任、严

格管理。县级政府要把农民职业教育纳入农村公共服务的范畴，由农业或者教育部门专职负责，统一组织领导，再不能像现在这样“多头负责、大家没责”。同时，行政主管部门的职责是监督、规范，不能以管代办，要充分发挥市场的作用，以市场引导发展，以市场促进发展；以管理规范行为，努力增强培训效果，让农民在培训中学到技术，让从事各行各业的优秀农民工从中获益。

第三节　农业生态与环境保护

根据公共服务理论，农业生态与农村的环境保护问题，属于公共服务的范畴，因为它公益性强，又具有典型的非排他性和非竞争性或部分内容的弱竞争性，理当成为各级政府的公共服务内容。然而，农业生态和农村环境保护工作中还存在很多实际问题，必须引起重视。

一、农业生态及农村环境保护问题种类

近年来，党和国家高度重视农业生态及农村环境保护问题[①]，有关部门对农业生态及农村环境保护开始有了清醒的认识，人们逐渐认识到农业生态及农村环境保护是一件大事，关系到农村经济能否持续增长，广大农民能否安居乐业，广阔农村乃至整个社会能否健康发展。

①2018 年 5 月 18 日，习近平总书记在全国生态环境保护大会上发表重要讲话并指出：“要持续开展农村人居环境整治行动，打造美丽乡村，为老百姓留住鸟语花香田园风光。”

（一）农村环境趋于恶化，潜在威胁大

长期以来，农村居民的环境意识相对淡薄，加上没有环境保护基础设施，导致了一系列环境污染问题。首先是水污染严重，农村的生产生活污水（包括畜禽养殖废水）未经处理随意倾倒或直接排放到居住区附近的水体，造成地表水和地下水污染，使得农村的重要湿地（池塘和一些小溪）受到污染，丧失了原有水体的自净功能。其次是农村存在各种固体废弃物，形成潜在污染。常见的有生活垃圾、畜禽粪便、发病致死的畜禽、编织袋、农用地膜、随意丢弃的农药瓶、建筑垃圾、一次性医疗垃圾等，种种废弃物成了污染当地水体环境、大气环境、土壤环境的“祸根”，其种类之多、数量之大、危害之深，必须引起我们的高度重视。再次就是空气污染加重。农村能源结构由薪材改为燃煤或燃气后，农村居住区二氧化硫污染加重，且污染程度与人口密度成正比。城镇近郊的农村还受到来自城市工业区的污染。这就造成了农村环境质量每况愈下，直接影响了农村居民的身体健康，潜在威胁着环境安全，影响着整个社会经济的发展。

（二）农药化肥使用量大，农产品安全形势严峻

尽管无公害、绿色有机生产技术在农村开始推广，但农药化肥在农村的应用量仍居高不下。农药、化肥的过量使用既影响了农产品品质，增加了生产成本，削弱了土壤肥力，也给环境带来了严重污染，影响环境安全和生态平衡，阻碍农业生产的可持续发展。

（三）工业污染不断向农村转移

随着国家环保政策的进一步严格，部分投资业主就把目光瞄向农村。他们无视国家法律法规，采取“先斩后奏、斩了不奏或边斩边奏”的手法，极力避开当地环保行政主管部门和其他行政管理部门的监督，工艺简单、设备

落后、科技含量低、严重浪费资源和违反国家产业政策的“十五小”和“新五小”等严重污染项目，把污染转移到农村，靠非法排污赚钱，靠破坏环境致富。一些地方领导为了暂时的经济利益和一时的政绩，忽视农村环境保护，有商就招，有项目就上，有意无意地充当了污染企业的“保护伞”，纵容乃至庇护环境违法者，造成工业污染向农村转移。转移的小冶炼、小造纸、小化工、小水泥等重污染企业在农村大量存在，农民群众深受其害。

（四）资源无序开采导致生态失衡

由于受“有水快流”的影响，加之近些年矿产品市场行情看好，部分矿产资源丰富的农村违法违规、乱采滥挖现象十分严重。既造成了不可再生资源的大量浪费，又导致森林和植被资源遭到破坏，加剧了水土流失，使地下水枯竭，溪水断流，废水横流，土地荒芜。矿产资源的无序开采导致生态失衡的状况，在部分农村地区还在继续蔓延、恶化。

青山绿水的农村，如今许多地方的生态环境已不如城市，农业生态严重失衡，许多历史上罕见的自然现象如今在农村也可经常见到，农业生态失衡的问题日益严峻。

二、农业生态和农村环境保护的制约因素

农业生态和农村环境问题形势严峻，不仅给环境保护工作提出了一个全新的课题，也给建设社会主义新农村和构建和谐社会带来了新的挑战。农业生态和农村环境保护的制约因素，归纳起来主要有以下几点。

（一）部分政府职能缺位，管理弱化

部分政府对环保的投入主要集中在城市工业生产的污染治理方面，没有

体现城乡公平。城市环境的改善往往以牺牲农村环境为代价，而农村没有得到相应的生态效益补偿。与农业生态和农村环境保护相关的政策法规也不够完善，部分县级以下政府缺少专门机构和专职人员，导致政府工作严重缺位，放任自流，管理自然无从谈起。

（二）一些农村经济落后，财政投入严重不足

一些县级财政对农业生态和农村环保工作的投入很少，甚至没有这方面的财政预算，各项工作因缺钱而无法运转，尤其是经济欠发达地区，县乡财政窘迫，加上思想上对农业生态和农村环境保护的认识不够，用于该项工作的钱自然是能省就省，能免就免。财政投入的严重不足必然导致环境保护工作处处被动，即便是一些有识之士，因为地方财政捉襟见肘，也难以成事。

（三）生产方式相对粗放，缺乏有效引导

一些农村企业存在生产过程污染严重、治理不善以及高耗低产等问题。不仅如此，其生产方式也比较粗放，出现随意处置垃圾、随意排放污水的现象，难以适应农业生态和农村环境形势变化的需要。但当地政府又缺少相对有效的引导办法，导致粗放的生产方式无法有效细化，造成环境污染。

三、农业生态及农村环境保护和污染治理的对策

保持山川秀美的生态环境，有效防止农村污染，切实保护好农业生态和农村环境，努力使农村环境质量达到基本要求，满足广大农民乃至整个社会生产、生活的需要，是党和政府执政为民的直接体现，也应该是建设社会主义新农村的着力点，同时也是确保国家生态环境安全和经济可持续发展的重要工作。因此，必须从战略高度加以重视，从而采取切实可行的有效措施保

护农业生态和农村环境。

（一）把农业生态和环境保护问题列入政府公共服务范畴

加强领导，强化管理，提高服务水平。环境问题是一件关系民生问题的大事，各级党委政府要高度重视农业生态和环境保护问题，从思想观念到人力、物力的投入，都要拿出切实可行的措施，站在对历史负责、对人民负责的高度抓这项工作，切实抓出成效来。

（二）深入开展宣传教育，增强农民生态与环保意识

农村居民是保护和改善农村生态的参与者和受益者，是防治农村环境污染不可忽视的力量。要通过多种形式，大力宣传农业生态和农村环境保护的意义，用典型案例说清道理，统一认识。逐步在农村普及生态与环境安全和卫生知识，不断增强他们的生态环境保护意识，引导群众转变生产方式，让他们形成良好的生活习惯，真正使广大人民群众了解国家环境保护的方针政策、法律、法规，了解生态环保与农村经济社会发展、农民生活质量提高的内在联系，了解怎样科学、全面、协调地发展农村各方面事业，了解怎样运用法律武器维护合法的环境权益。从而充分调动广大农民的积极性，使之自觉参与、维护、建设良好的农村生态环境，建设山清水秀、空气清新的美好家园。

（三）加强环保设施建设，提高环境污染治理水平

众所周知，环境污染治理是一项综合性很强的工作，离开治理设施，污染整治就无从谈起。目前，各级政府要把农业部门正在组织实施的“清洁工程”和环保部门组织实施的“创建环境优美乡镇”结合起来，提高农村环境污染的治理水平，并重点开展好以下几项治理工作。

1.农村垃圾集中收集和无害化处理设施建设

这是解决村庄环境脏乱差的治本之策，也是公共服务向农村延伸的具体体现。按照“村级收集、乡镇中转、县市集中处置”的运行机制，加强农村生活垃圾的收集和处理。即在乡镇政府所在地或主要中心村建立垃圾中转站，定期将其清运到城市垃圾处理场；在各自然村庄里设置垃圾箱，建立卫生保洁制度，由专人负责，定期清运到中转站。

2.开展农村污水的治理试点和示范推广

农村污水处理，要结合各地区的特点，因地制宜，采用分散治理和集中治理相结合的方式进行。对于畜牧业较发达的农村，采用沼气处理技术，结合改厕、改厨、改栏，综合处理畜禽粪尿和生活污水。积极推广生活污水湿地处理模式，充分利用农村池塘、水田的自净能力，结合农村景观建设，开展清淤保洁、养鱼养萍，恢复和重建湿地生态系统。

对自净能力不强的水塘，由有关部门支持在水塘种些观赏性植物，既可处理污水，又可美化环境。对人口较多的大村，应督促其做好化粪池建设，使新建筑不再留下污染的后患。

3.用循环经济的理念解决畜禽养殖业污染问题

一是大力推广农村沼气建设，推行生态养殖模式。养殖业是传统农业产业，是农民收入的重要渠道，沼气工程既能解决畜禽的污染，又能解决农村能源问题，提高农村居民的生活质量，同时经处理的畜禽粪尿又是很好的有机肥源，而且经济成本较低。通过发展生态农业模式，实行沼气照明做饭、沼液施肥还田，体现了发展循环经济的要求和环境治理的一般规律，有利于从根本上解决农村环境问题，有利于从整体上改善区域环境质量，也有利于建设资源节约型社会和环境友好型社会。

二是科学规划，合理布局，不断调整优化畜牧业结构。鉴于畜牧业，特别是养猪业属于污染比较严重的产业，必须合理规划，划定禁养区、限养区范围，对人口集聚区、重要生态功能区和重点旅游景区要实行禁养或限养，尽可能用最少的环境代价换取最好的经济效益。有条件的地方，可以划出一定的区域作为养殖小区，鼓励集中养殖，集中进行无害化处理，以减少畜禽污染所带来的影响。要进一步优化产业结构，发展经济效益好而污染比较少的其他畜牧业和立体种养业，如“鸭（鹅）＋鱼＋荷花”等。

4.合理规划村镇建设和产业布局

农村的村镇建设和产业布局是农村公共服务的重要内容，也是农业生态和环保工作的重要内容，抓好这项工作能起到提纲挈领的作用。各级政府一定要按照统筹城乡发展的思路，统筹考虑农村的村镇布局，发展中心镇、中心村，减少生产生活条件恶劣的自然村；统筹考虑农村的基础设施建设布局，按照资源有效配置的理念，中心镇、中心村优先配置交通、教育、医疗、环保等基础设施，要将环保基础设施和饮用水源建设等作为重要内容；要统筹考虑产业布局，树立既要发展又要保护的理念，合理布局特色产业区、规模养殖小区和保护小区，为各行各业的持续发展提供空间。

（四）建立健全体制机制，强化农业生态与环境保护

一是筹措资金，不断加大对农村公共设施的投入。农村环境污染整治和生态建设能否取得成效、能否长久保持，在很大程度上取决于政府的投入和社会多元投入。应在土地出让金和城市维护费中划出一定数量和比例的资金，用于农村环境基础设施建设，并在排污费中划出一定比例的资金专门用于农村污染治理。政府要制定相关政策，明确部门职责，设立农村环境污染整治专项资金，制定专项工作考核制度，对成效明显的可以实施“以奖代补”政策。规划建设部门、国土资源部门在审批农民建房时，要严把生活污水处理关，要有相应的配套设施。城市工业扩散转移时，环保部门要督促落实污染治理技术措施，切实防止污染转嫁至农村。

二是制定城乡环境综合整治定量考核制度。城市环境综合整治定量考核制度的实施，对提升城市品位，改善城市人居环境有着很大的作用。我们完

全可以借鉴城市环境综合整治定量考核制度，逐步推行农村乡（镇）目标责任制和乡（镇）综合整治定量、农业环境保护、自然环境保护、乡镇工业污染防治等方面指标的考核，并将考核结果与干部的政绩考核挂钩。

三是深入开展生态乡镇建设，实施“农村清洁工程”“环境优美乡镇”等工程。生态乡镇村建设工作，是统筹城乡经济社会发展和生态环境建设的综合载体。要把生态乡镇村建设与农民饮用水、江河流域治理、农村新能源建设等工程有机结合起来，典型示范，以点带面，整治一个，巩固一个。

四是大力推进生态农业和特色村建设。建设和发展生态农业是充分挖掘农业内部潜力，增强农业发展后劲的一项重要措施，也是解决农村污染环境问题的重要途径。农村环境保护工作要把控制农业能源污染和农村污染与推进农业农村现代化建设结合起来。要结合农业产业结构调整，积极开展生态农业建设，大力发展无公害农产品、绿色食品和有机食品。树立经营村庄的理念，要把推进村庄整治建设与开发乡村休闲旅游资源有机结合起来，合理开发自然资源，培育农耕文化，发展茶果采摘、农家情趣体验等“农家乐”休闲项目。

五是充分发挥村民自治组织作用。鉴于农村环境污染治理量大面广的特点，必须充分发挥村民自治组织的作用，调动村民的积极性和主动性，依靠自身力量，发挥主体作用，改善人居环境，建设美好家园。要建立新的村规民约，把禁止乱扔乱倒垃圾、禁止畜禽放养和粪便直排、禁止使用高毒高残留农药等内容纳入村规民约。另外，要强化农村各项环境卫生制度建设。建立卫生公约，设立村保洁员，按时清运垃圾，妥善处置垃圾；并建立监督检查制度，给予保洁员的补贴要与工作成效相结合。“村两委”要定期或不定期地组织村民开展爱国卫生运动，维护环境清洁。各有关部门必须自觉履行职责，把农村生态环境保护作为重点工作来抓，逐步实现城乡环境建设、保护、监督、管理一体化。可以设立兼职乡镇环保员和村环保员，有计划地开展人员培训，每年给予一定的补贴，克服农村环保“无人抓无人管”的现象。

（五）开展农村环保科研，切实推广污染防治技术

加强农村环境保护涉及多学科、多门类、多部门，要建立相应的研究机构。国家要将农村环保列入重要的科研攻关课题，省级科研机构要多进行实用性研究；有关部门和科研单位应共同努力，开展农村污染防治技术的研究与推广工作，使科研工作为生产服务，为保护和改善农村生态环境贡献力量。

1.大力推广污染防治技术

针对农村生产、生活方式的家庭化、个性化、无序化和村庄布局分散式、群落式的特点，加强对垃圾资源化、无害化处理技术，沼气应用技术，畜禽粪尿综合利用技术，农村湿地生态系统的重建和修复技术，以及绿色有机食品生态技术等环境污染防治实用技术的研究和推广。

2.努力把农药化肥的污染降到最低程度

首先要采用综合防治技术防治病虫害。综合采用各种防治措施，选择性地施用农药，推广高效低毒低残留的农药。其次积极推广测土配方施肥，减少人为破坏土壤肥力的活动，从而构建起可持续发展的科学施肥理念，促进农业生态环境向好的趋势发展。对一些有利于农业生态及农村环保良性发展的好办法好措施，要加大推广力度，通过现场会、技术培训、示范带动、技物结合等途径，让农民能真正掌握这样的技术，最大限度地发挥综合防治技术的作用，减少水土流失，构建良好的农业生态。

3.逐步建立农村环境监测制度

农村环境监测是做好农业生态和农村环境保护工作的重要手段。对农村环境污染进行常规性定点监测，便于把握农村环境中的污染动向和发展变化规律，从而采取必要的防治措施，减轻农村环境污染和破坏。目前，环境监测在广大农村还没有很好地开展起来，各级政府和环保部门要积极开展农村生态环境监理和监测，加强监测力量，建立起常规监测，切实掌握农村的生态环境和环境污染现状，从而有针对性地采取应对措施，促进农业生态和农村环境保护工作良性发展。

总之，农业生态和农村环境保护问题是一个新兴课题，必须引起我们的高度重视，不管是从建设服务型政府的角度出发，还是从公共服务的理论出发，各级政府都必须下大气力抓好这项工作。从农村公共服务的实际情况来看，目前许多地方还没有将这项工作列入农村公共服务的范畴，在思想上、认识上还存在很多不足，因此必须转变观念，正本清源，切实完善政府职能，真正履行应尽的职责。

参考文献

[1] 安应民．构建均衡发展机制：我国城乡基本公共服务均等化研究[M]．北京：中国经济出版社，2011.

[2] 薄贵利．论优化政府组织结构[J]．中国行政管理，2007（5）：17-21.

[3] 曹海林，俞辉．“项目进村”乡镇政府选择性供给的后果及其矫正[J]．中国行政管理，2018（3）：69-75.

[4] 曹现强．当代英国公共服务改革研究[M]．济南：山东人民出版社，2009.

[5] 陈戈寒．论我国政府公共服务职能的完善[J]．江汉论坛，2005（9）：69-71.

[6] 陈书洁．社会本位：政府购买服务的转型及其人才开发[M]．北京：社会科学文献出版社，2016.

[7] 陈艳敏．多中心治理理论：一种公共事物自主治理的制度理论[J]．新疆社科论坛，2007（3）：35-38.

[8] 邓万春．内生或内源性发展理论[J]．理论月刊，2011（4）：44-46.

[9] 邓正来．当代中国基层制度个案研究[M]．上海：复旦大学出版社，2011.

[10] 方堃．当代中国新型农村公共服务体系研究：基于“服务三角”模型的分析框架[M]．北京：中国社会科学出版社，2010.

[11] 付伟，焦长权．“协调型”政权：项目制运作下的乡镇政府[J]．社会学研究，2015（2）：98-123.

[12] 高翔．选择性培育：赋予乡镇政府更多自主权的实践逻辑及其优化[J]．探索，2019（1）：36-43.

[13] 郜清攀．乡村振兴战略背景下乡镇政府公共服务能力研究[D]．长春：东北师范大学，2019．

[14] 顾爱华．国家治理现代化的基本“点”和关键“面”：“国家治理现代化与服务型政府建设研讨会”综述[J]．辽宁大学学报（哲学社会科学版），2017（1）：26-29．

[15] 顾丽梅．英、美、新加坡公共服务模式比较研究：理论、模式及其变迁[J]．浙江学刊，2008（5）：107-112．

[16] 郭济．行政管理体制改革思路和重点[M]．北京：国家行政学院出版社，2007．

[17] 侯志阳．强化中的弱势：“放管服”改革背景下乡镇政府公共服务履职的个案考察[J]．中国行政管理，2019（5）：46-51．

[18] 胡荣，范丽娜，龚灿林．主观绩效、社会信任与农村居民对乡镇政府信任[J]．社会科学研究，2018（6）：105-113．

[19] 胡冶岩．提升行政领导的公共服务能力[J]．党政干部学刊，2004（9）：26-28．

[20] 黄宗智．华北的小农经济与社会变迁[M]．北京：中华书局，2000．

[21] 黄宗智．经验与理论：中国社会、经济与法律的实践历史研究[M]．北京：中国人民大学出版社，2007．

[22] 李文良．中国政府职能转变问题报告 问题·现状·挑战·对策[M]．北京：中国发展出版社，2003．

[23] 龙兴海，曾伏秋．农村公共服务研究[M]．长沙：湖南人民出版社，2009．

[24] 沈荣华．各级政府公共服务职责划分的指导原则和改革方向[J]．中国行政管理，2007（1）：9-14．

[25] 唐铁汉，袁曙宏．社会治理创新：中欧政府管理高层论坛[M]．北京：国家行政学院出版社，2007．

[26] 田相辉，张秀生，庞玉萍．中国农村经济发展与城乡一体化建设研究[M]．武汉：湖北科学技术出版社，2014．
[27] 王华新．地方政府行政运行成本控制与核算研究[M]．北京：经济科学出版社，2004．
[28] 王再兴．农村公共服务概论[M]．成都：四川大学出版社，2008．
[29] 王周锁．农村公共产品供给及模式创新研究[J]．陕西农业科学，2005（3）：111-113．
[30] 徐强．乡村振兴战略视野下我国农村基层治理研究[D]．成都：电子科技大学，2019．
[31] 徐勇，邓大才．政治科学研究 2020 年卷 上[M]．北京：中国社会科学出版社，2021．
[32] 张秀生．农村公共产品供给与农民收入增长[M]．北京：中国农业出版社，2008．
[33] 中共武汉市蔡甸区委党校课题组，熊永安，张浩．武汉市蔡甸区农村环境状况与环境保护[J]．长江论坛，2008（5）：34-37．
[34] 中国环境科学学会．中国环境科学学会学术年会优秀论文集 上 2007[M]．北京：中国环境科学出版社，2007．
[35] 周小常．农村公共产品供给制度创新[D]．长沙：湖南农业大学，2001．

附　　录

基层公共服务能力建设现状及影响因素调查问卷

您好！本调查主要是向您了解当前基层公共服务的基本情况以及您对基层公共服务建设的意见和建议，希望得到您的支持和帮助！本问卷为匿名填写，无所谓对错，调查的结果仅供学术研究之用，我们承诺对本次参与调查的所有人员情况保密。请您放心、如实回答各问题。

请在相关选项后直接勾选作答即可。非常感谢您的合作！祝您幸福快乐！

第一部分：个人基本信息

1.您的性别：

A.男　　B.女

2.您的年龄：

A.25 岁及以下　　B.26～35 岁　　C.36～45 岁

D.46～55 岁　　E.56～65 岁　　F.66 岁及以上

3.您受教育的程度：

A.初中及以下　　B.高中或中专　　C.大专

D.大学本科　　E.硕士及以上

4.您的职业：

A.乡镇领导干部　B.乡镇办事科员

C.事业站所人员　D.县级干部

E.村级干部　F.政府退休人员

G.农民　H.进城务工人员

I.个体工商户　J.乡镇企业家

K.中小学教师　L.医护人员

M.企业职工　N.学生

O.待业人员　P.农村务工人员

Q.其他

5.您的月收入状况：

A.1 000 元以下　B.1 000～2 000 元

C.2 000～3 000 元　D.3 000～4 000 元

E.4 000～5 000 元　F.5 000～6 000 元

G.6 000～7 000 元　H.7 000～8 000 元

I.8 000 元以上

第二部分：对乡镇公共服务能力影响因素的调查

1.您如何理解农村公共服务和乡镇的公共服务职能？

A.公共服务就是精准帮扶、发展经济和维护社会稳定

B.公共服务就是完成上级政府交给的工作任务

C.公共服务是做好医疗卫生、文化教育、基础设施建设等工作

D.对公共服务具体指什么不清楚

2.关于乡镇的基层干部，您认同以下哪种看法？

A.基层干部就是做好百姓的“父母官”，造福人民群众

B.“官就是管”，基层干部的工作就是管好群众的事情

C.基层干部的中心工作就是为群众提供公共产品和服务

D.基层干部是国家的公务员，吃财政饭，执行国家政策

3.您认为乡镇最重要的工作是什么？（可多选）

A.招商引资　B.社会维稳　C.精准帮扶

D.医疗卫生　E.社会保障　F.文化服务

G.义务教育　H.生态环境　I.基础设施

J.公共安全　K.其他

4.您所在地区的乡镇在辖区内是否设有行政服务中心、社区服务站等公共服务机构？

A.有　B.没有　C.不清楚

5.据您所了解，关于本地区乡镇提供公共服务的议题是由谁提出的？

A.乡镇提出

B.县（区）政府提出

C.村委会提出

D.群众要求

6.您所在地区的乡镇是如何作出公共服务决策的？

A.主要由乡镇长或书记等某一关键领导决策

B.主要由乡镇领导集体决策

C.主要由县（市）上级政府决策

D.由群众参与和乡镇共同决策

7.当前您所在地区的乡镇工作考核与评估的重心在于哪些方面？（可多选）

A.招商引资　B.社会维稳　C.精准帮扶

D.医疗卫生　E.社会保障　F.文化服务

G.义务教育　H.生态环境　I.基础设施

J.公共安全　K.其他

8.您所在地区的乡镇是否经常通过公开招标、项目承包等政府购买的方式，提供教育、医疗卫生、基础设施等公共服务？

A.经常　B.偶尔　C.很少

D.从未　E.不清楚

9.您所在地区的乡镇在哪些领域开展过公开招标、项目承包等政府购买活动？（可多选）

A.医疗卫生　B.养老服务　C.文娱设施

D.义务教育　E.环境保护　F.水电煤气

G.道路交通　H.农田水利

I.其他　J.以上都不是

10.您认为当前影响乡镇购买公共服务效果的原因包括哪些?

A.政府购买公共服务在招标、监管和评估各环节的制度建设不完善

B.社会组织与企事业单位承接公共服务供给的能力不足

C.政府购买公共服务仅在个别项目和领域开展，作用有限

D.社会工作专业人才缺乏，政府购买公共服务的专业性不强

E.其他

11.您所在地区的乡镇的社会保障、医疗卫生、基础设施等各项公共服务项目经费来自哪里？

A.国家专项拨款　B.县区政府拨款

C. 乡镇自筹　D.企业捐赠

E.群众集资　F.其他

12.您认为可能导致本地区乡镇服务类财政供给不足的主要因素包括哪些？（可多选）

A. 当地经济基础薄弱，财政能力有限

B. 乡财县管，乡镇财政没有自主性

C. 乡镇事多钱少，事权财权不匹配

D.乡镇财政支出不合理，服务支出项目少

E.缺乏财务监管，财政资源浪费严重

F.其他

13.您所在地区的乡镇通过什么渠道征求群众的意见，了解居民的公共服务需求？（可多选）

A.通过在政府接待来访群众

B.通过问卷调查进行民意需求测验

C.通过基层干部入户走访、调研

D.通过定期召开党内外群众座谈会

E.通过网络论坛、电视广播

F.通过意见信箱、政务热线了解民意

G.在决策前召开政策听证会或咨询会

H.通过人大代表了解民众诉求

I.其他

14.您所在地区的乡镇如何让居民了解公共服务政策？

A.公布到政府网站

B.通知村委，由村委通知村民

C.在政府大院内张贴公告让村民自己来看

D.短信通知

E.发放宣传单

F.不会主动通知

15.据您所了解，村民能够参与到乡镇公共服务供给的哪一环节？

A.民意搜集和群众利益的表达环节

B.公共服务项目的决策环节

C.公共服务项目的执行环节

D.公共服务项目的监督和评议环节

E.以上都不是

16.您所在地区的乡镇是否会召开听证会、咨询会或议事会，就某一公共议题进行讨论？

A.经常　　B.定期　　C.偶尔

D.很少　　E.从未　　F.不清楚

17.您是否了解与乡镇公共服务类相关的规章制度和政策文件？

A.非常了解　　B.了解　　C.一般

D.不了解　　E.非常不了解

18.您所在地区的乡镇是否组织工作人员参加业务培训？

A.经常

B.定期

C.偶尔

D.很少

E.从未

19.作为乡镇工作人员，您认为造成自己工作态度消极，缺乏工作热情的潜在原因可能是什么？

A.工作压力大，待遇一般

B.社会地位低，不被尊重

C.工作再辛苦也不被群众理解

D.工作再辛苦上级领导也看不见

E.晋升空间狭窄，没前途

F.机械地服从命令，工作没有成就感

G.其他

20.您认为乡镇人才队伍建设存在的问题可能是什么？

A.人才流失严重，老龄化严重

B.一线工作人员严重缺编

C.学历不高，专业技能不强

D.考核机制不合理，留不住人才

E.乡镇干部领导能力欠缺

F.其他

21.您认为导致乡镇公共服务供给和公共服务能力不足的原因包括哪些？（可多选）

A.乡镇权小事多，权责不统一

B.政府财政负担过重，财政能力有限

C.上级政府下派任务重，力不从心

D.思想观念落后，尚未形成服务观念

E.绩效考核以经济为主，对服务不重视

F.行政命令居多，缺乏群众参与

G.政府闲人太多，人浮于事

H.政府机构设置不合理，职责不清

I.政府工作人员业务能力有待提高

J.县乡关系、条块关系不顺

第三部分：对农村居民公共服务需求的调查

1.您认为以下哪一项是您最需要的公共服务项目？

A.医疗卫生　　B.社会保障

C.文化教育　　D.生态环境

E.基础设施　　F.公共安全

G.其他

2.您认为以下哪些选项是您最需要的公共服务项目？（可多选）

A.医疗卫生　B.养老保障　C.就业帮扶　D.病残救助　E.法律援助

F.灾害救助　G.公共文化　H.义务教育　I.污水治理　J.垃圾处理
K.环境绿化　L.农田水利　M.道路交通　N.水电气供给　O.社会治安
P.食品安全　Q.生产安全　R.灾害防治　S.其他

3.您认为当地乡镇最应该改善的医疗卫生服务有哪些？（可多选）

A.医院及医务人员数量

B.医院环境和医疗器械设备

C.医疗技术水平

D.医疗费用和药品价格

E.医务人员态度

F.其他

4.您认为乡镇在社会保障领域应当优先提供或改善的服务项目有哪些？（可多选）

A.养老保障　B.困难救济
C.失业救济　D.病残救助
E.法律援助　F.灾害救助
G.其他

5.您最希望乡镇提供或改善的公共文化娱乐设施有哪些？（可多选）

A.文化广场　B.老年活动中心
C.乡镇综合文化站　D.图书馆
E.书报阅览室　F.文化长廊
G.戏台剧院　H.棋牌室
I.其他

6.您认为当地幼儿园、小学或中学最应该提供或改善的教育设施和条件有哪些（可多选）

A.课桌、校舍等硬件设施

B.教师素质及教学水平

C.学校管理水平

D.图书、影像等教学材料

E.其他

7.您最希望乡镇解决或改善的生态环境问题有哪些？（可多选）

A.空气污染　　B.水源污染

C.噪声污染　　D.固体垃圾污染

E.土壤污染　　F.其他

8.您认为乡镇最应该提供或改善的农村基础设施建设有哪些?（可多选）

A.道路硬化　　B.路灯照明

C.公交汽车　　D.自来水供给

E.电力设备　　F.天然气设施

G.下水管道铺设　　H.垃圾桶摆放

I.机井灌溉设施　　J.其他

9.您认为乡镇最应该解决或改善的公共安全问题有哪些？（可多选）

A.社会治安（违法犯罪等）

B.公共卫生安全（饮食安全、疫情监控等）

C.生产安全（交通事故、火灾等）

D.自然灾害防治（水灾、雪灾、地质灾害等）

E.其他

第四部分：关于农村居民公共服务满意度的调查

1.以下乡镇提供的哪一项公共服务是您最满意的公共服务项目?

A.医疗卫生　　B.社会保障

C.文化教育　　D.生态环境

2.以下乡镇提供的哪些公共服务是您最满意的公共服务项目？（可多选）

A.医疗卫生　B.灾害救助

C.就业帮扶　D.病残救助

E.法律援助　F.垃圾处理

G.公共文化　H.义务教育

I.污水治理　J.水电气供给

K.环境绿化　L.农田水利

M.道路交通　N.灾害防治

O.社会治安　P.食品安全

Q.生产安全　R.其他

3.以下乡镇提供的哪些公共服务是您最满意的公共服务项目？（可多选）

A.基础设施　B.公共安全　C.其他

4.您对当地公立医院的环境和设备、医疗技术水平、医疗费用和药品价格等是否满意？

A.非常满意　B.比较满意　C.一般

D.不满意　E.非常不满意

5.您对当地新型农村合作医疗的实施状况是否满意？

A.非常满意　B.比较满意　C.一般

D.不满意　E.非常不满意

6.您对当地新型农村养老保险、养老机构的设置、养老服务人员的工作是否满意？

A.非常满意　B.比较满意　C.一般

D.不满意　E.非常不满意

7.您对当地的法律服务所、法律援助中心、人民调解组织等机构提供的法律援助是否满意？

A.非常满意　B.比较满意　C.一般

D.不满意　　　E.非常不满意

8.您对当地政府为村民提供的就业信息、培训和困难群众就业创业援助服务等是否满意？

A.非常满意　　B.比较满意　　C.一般

D.不满意　　　E.非常不满意

9.您对政府为当地居民提供最低生活保障、病残救助服务是否满意？

A.非常满意　　B.比较满意　　C.一般

D.不满意　　　E.非常不满意

10.您对当地的体育健身、公共娱乐场所等文化设施建设及管理是否满意？

A.非常满意　　B.比较满意　　C.一般

D.不满意　　　E.非常不满意

11.您对当地的移风易俗、弘扬传统美德、树立文明新风等乡风文明建设是否满意？

A.非常满意　　B.比较满意　　C.一般

D.不满意　　　E.非常不满意

12.您对当地中学和小学教育的师资水平、教学条件、教育质量是否满意？

A.非常满意　　B.比较满意　　C.一般

D.不满意　　　E.非常不满意

13.您对当地的工厂污水治理、河流池塘水源水质等是否满意？

A.非常满意　　B.比较满意　　C.一般

D.不满意　　　E.非常不满意

14.您对当地垃圾回收点的设置、政府的垃圾处理工作是否满意？

A.非常满意　　B.比较满意　　C.一般

D.不满意　　　E.非常不满意

15.您对当地的居住环境、村庄绿化、自然环境等生态环 境建设是否满意？

A.非常满意　　B.比较满意　　C.一般

D.不满意　　　E.非常不满意

16.您对当地道路硬化、道路照明、公交汽车等公共交通设施的建设及管理是否满意?

①道路硬化:

A.非常满意　　B.比较满意　　C.一般

D.不满意　　　E.非常不满意

②道路照明:

A.非常满意　　B.比较满意　　C.一般

D.不满意　　　E.非常不满意

③公交汽车:

A.非常满意　　B.比较满意　　C.一般

D.不满意　　　E.非常不满意

17.您对当地供水、供电、供气等公共设施的建设及管理是否满意?

①供水:

A.非常满意　　B.比较满意　　C.一般

D.不满意　　　E.非常不满意

②供电:

A.非常满意　　B.比较满意　　C.一般

D.不满意　　　E.非常不满意

③供气:

A.非常满意　　B.比较满意　　C.一般

D.不满意　　　E.非常不满意

18.您对当地农业灌溉系统、农田水利等农业生产基础设施的建设及管理是否满意?

A.非常满意　　B.比较满意　　C.一般

D.不满意　　　E.非常不满意

19.您对当地社会治安情况（刑事案件等处理情况）是否满意？

A.非常满意　　B.比较满意　　C.一般

D.不满意　　E.非常不满意

20.您对当地乡镇在推动公共卫生安全（食品安全、饮水安全等）方面的表现是否满意？

A.非常满意　　B.比较满意　　C.一般

D.不满意　　E.非常不满意

21.您对当地乡镇在推动生产生活安全（交通事故、生产 火灾等）方面的表现是否满意？

A.非常满意　　B.比较满意　　C.一般

D.不满意　　E.非常不满意

22.您对当地乡镇在推动自然灾害防治（水灾、雪灾、地质灾害等）方面的表现是否满意？

A.非常满意　　B.比较满意　　C.一般

D.不满意　　E.非常不满意

23.您所在地区的乡镇对辖区内的社会公众需要什么样的服务非常了解。

A.非常同意　　B.比较同意　　C.一般

D.不同意　　E.非常不同意

24.您所在地区的乡镇总能第一时间知晓辖区内社会公众的各种诉求和呼声。

A.非常同意　　B.比较同意　　C.一般

D.不同意　　E.非常不同意

25.您所在地区的乡镇非常清楚在提供公共服务过程中应该做什么，不应该不做什么。

A.非常同意　　B.比较同意　　C.一般

D.不同意　　E.非常不同意

26.您所在地区的乡镇有足够的财政能力为辖区内的民众提供公共服务。

A.非常同意　　B.比较同意　　C.一般

D.不同意　　E.非常不同意

27.您所在地区的乡镇有能力向社会或企业募集资金，为辖区内的民众提供公共产品。

A.非常同意　　B.比较同意　　C.一般

D.不同意　　E.非常不同意

28.您所在地区的乡镇声誉非常高，本地区居民对乡镇的各项工作非常信任。

A.非常同意　　B.比较同意　　C.一般

D.不同意　　E.非常不同意

29.您所在地区的乡镇能够将绝大多数的人力、物力、财力资源投入公共服务事业。

A.非常同意　　B.比较同意　　C.一般

D.不同意　　E.非常不同意

30.您所在地区的乡镇针对辖区内的事务总能够及时准确地提出相应的解决方案。

A.非常同意　　B.比较同意　　C.一般

D.不同意　　E.非常不同意

31.您所在地区的乡镇能够针对不同村庄的特殊情况制订具有针对性的公共政策方案。

A.非常同意　　B.比较同意　　C.一般

D.不同意　　E.非常不同意

32.您所在地区的乡镇在公共服务决策时总能充分倾听民意，尊重社会公众的多元诉求。

A.非常同意　　B.比较同意　　C.一般

D.不同意　　E.非常不同意

33.您所在乡镇的服务政策执行能力很强，各项决策总能够在规定时间内得到贯彻落实。

A.非常同意　　B.比较同意　　C.一般

D.不同意　　E.非常不同意

34.您所在地区的乡镇在公共服务过程中能够做到依法依规，完全按照既定的制度规范进行。

A.非常同意　　B.比较同意　　C.一般

D.不同意　　E.非常不同意

35.您所在地区的乡镇提供的公共服务质量过硬，完全满足社会公众的意愿和要求。

A.非常同意　　B.比较同意　　C.一般

D.不同意　　E.非常不同意

36.您所在地区的乡镇公共服务的信息公开程度很高，总是第一时间让公众知晓。

A.非常同意　　B.比较同意　　C.一般

D.不同意　　E.非常不同意

37.您所在地区的乡镇对公共服务项目具体实施的监督非常有效。

A.非常同意　　B.比较同意　　C.一般

D.不同意　　E.非常不同意

38.您所在地区的乡镇总能及时地对公共服务项目进行绩效评估。

A.非常同意　　B.比较同意　　C.一般

D.不同意　　E.非常不同意

39.您所在的乡镇总能及时准确地对公共服务供给过程中的违法违规行为进行问责。

A.非常同意　　B.比较同意　　C.一般

D.不同意　　E.非常不同意

40.您所在地区的乡镇非常重视民众提出的各种利益诉求，并及时作出回应。

A.非常同意　　B.比较同意　　C.一般

D.不同意　　E.非常不同意

41.您所在地区的乡镇在对居民的服务诉求作出回应时态度非常友善，总能耐心倾听民众的意见。

A.非常同意　　B.比较同意　　C.一般

D.不同意　　E.非常不同意

42.您所在地区的乡镇在回应民众诉求时效率很高，总是第一时间顺利完成了民众要办的事情。

A.非常同意　　B.比较同意　　C.一般

D.不同意　　E.非常不同意